Julia Kobán

Wie können Schulen Cybermobbing verhindern?

Möglichkeiten und Maßnahmen zur Prävention und Intervention in der Sekundarstufe I

Bibliografische Information der Deutschen Nationalbibliothek:

Die Deutsche Nationalbibliothek verzeichnet diese Publikation in der Deutschen Nationalbibliografie; detaillierte bibliografische Daten sind im Internet über http://dnb.d-nb.de abrufbar.

Impressum:

Copyright © Social Plus 2021

Ein Imprint der GRIN Publishing GmbH, München

Druck und Bindung: Books on Demand GmbH, Norderstedt, Germany

Covergestaltung: GRIN Publishing GmbH

Inhaltsverzeichnis

1 Einleitung

Acht Minuten und 55 Sekunden – so lange dauert das Video auf Youtube, das die Leidensgeschichte der jungen Kanadierin Amanda Todd zeigt. Auf 74 Zetteln schreibt sie ihre Geschichte auf und verabschiedet sich mit einem Hilferuf: „I have nobody. I need someone. My name is Amanda Todd."[1] Ihre Suche nach Unterstützung war vergeblich, bereits kurze Zeit später nahm sich das 15-jährige Mädchen nach jahrelangen Cybermobbing-Attacken 2012 das Leben. Ihr Tod löste weltweite Debatten über die Cybermobbing-Problematik aus.[2]

Dieses Beispiel und viele andere zeigen, wie schwerwiegend die Folgen für Opfer von Mobbing im Internet sein können. Viele leiden unter starken Depressionen bis hin zu Suizidgedanken. Der Vollzug erscheint dann als letzter Ausweg. Auffällig ist, dass besonders Kinder und Jugendliche betroffen sind. Es fragt sich daher, welche Rolle der Schule im Rahmen der Prävention und Intervention zukommt.

Die Schule als Ort des Wissens, Lernens und Erlebens vermittelt nicht nur grundlegende fachliche und methodische Fertigkeiten, sondern leistet auch einen bedeutenden Beitrag zur Sozialisation. Schüler und Schülerinnen nehmen die Schule als attraktiven Erfahrungsraum wahr, in welchem sie Kontakte knüpfen, Erfahrungen sammeln, Aktivitäten unternehmen, experimentieren und sich ausprobieren können. Deshalb sind Präventions- und Interventionsarbeit als Bestandteile der sozialen Leistungsfähigkeit in der Schul- und Bildungstheorie gut begründet, weil das Vernachlässigen der Sozialisationsfunktion Gewalt begünstigen würde.[3]

In Bezug auf die verschiedenen Schulformen zeigt sich: Cybermobbing ist ein Phänomen, das besonders häufig bei 14- bis 15-Jährigen und 19- bis 20-Jährigen und weniger in der Grundschule vorkommt. Ursache dafür können u.a. die zwei kritischen und meist problembehafteten Lebensphasen Pubertät und der für viele als Herausforderung empfundene Übergang in das Erwachsenenalter sein.[4]

---

[1] Todd, Amanda (2012): My story. Struggeling, bullying, suicide, self harm. (https://www.youtube.com/watch?v=vOHXGNx-E7E&t=10s&bpctr=1583926393) – letzter Zugriff am 11.03.2020 um 13:45 Uhr

[2] Vgl. Kunz, Katrin (2012): Mobbing im Internet. Der angekündigte Tod der Amanda Todd. (https://www.sueddeutsche.de/digital/mobbing-im-internet-der-angekuendigte-tod-der-amanda-todd-1.1502486) – letzter Zugriff am 28.02.2020 um 13:57 Uhr

[3] Vgl. Schubarth, Wilfried (2019): Gewalt und Mobbing an Schulen. Möglichkeiten der Prävention und Intervention. Stuttgart, S. 15.

[4] Vgl. Katzer, Catarina (2014): Cybermobbing – Wenn das Internet zur W@ffe wird. Berlin/Heidelberg, S. 69-70.

Daraus ergibt sich die dringende Notwendigkeit, gezielte Präventions- und Interventionsarbeit in der Schule, mit dem besonderen Schwerpunkt Sekundarstufe I, zu leisten.

Aus diesem Grund befasst sich diese wissenschaftliche Arbeit mit dem Thema „Cybermobbing – Möglichkeiten und Maßnahmen der Präventions- und Interventionsarbeit in der Sekundarstufe I". Dabei ist zu untersuchen, wie der aktuelle Stand der Forschung in Bezug auf Häufigkeit, Formen, Risikofaktoren usw. ist und welche Möglichkeiten und Maßnahmen in Form von Programmen, Hilfsangeboten und Informationsveranstaltungen auf der Schulebene präventiv eingesetzt werden können, um Cybermobbing zu verhindern oder mindestens zu reduzieren. Außerdem ist zu analysieren, welche Rahmenbedingungen in einer Schule geschaffen werden müssen, um eine deutliche Verringerung der Probleme zu erreichen. Dazu zählt auch, wie Lehrkräfte sowie Schülerinnen und Schüler durch Medienkompetenz gezielt sensibilisiert werden können. Darüber hinaus sind spezifische Interventionsmaßnahmen zu bewerten. Weiterhin ist zu hinterfragen, wie erfolgreich die einzelnen Programme der Prävention und Intervention sind, wo ihre Stärken aber auch ihre Schwächen liegen. Ziel dieser Arbeit ist es, anhand der Literatur den aktuellen Forschungsstand zu beschreiben und aufzuzeigen, welche Möglichkeiten Schulen innerhalb und außerhalb des Unterrichts haben, mit dieser Problematik umzugehen und welche Strategien dafür nutzbringend und notwendig sind.

Eine ausführliche, theoretische Fundierung zum Forschungsschwerpunkt erfolgt nach der Unterscheidung zwischen traditionellem Mobbing[5] und Cybermobbing. Dabei sind - wie bereits erwähnt - die verschiedenen Komponenten wie Formen, Rollenverteilung, Risikofaktoren, Auswirkungen und strafrechtliche Konsequenzen einzubeziehen. Anschließend werden Handlungsmöglichkeiten der Präventionsarbeit auf der Schulebene aufgezeigt. Hierzu zählen u.a. die notwendig zu schaffenden Rahmenbedingungen an Schulen sowie die Medienbildung und -erziehung der Schülerinnen und Schüler, aber auch der Gebrauch von ausgewählten Präventionsprogrammen wie *Medienhelden*, *Surf-fair* und *Was tun bei (Cyber)Mobbing?*.

---

[5] Mobbing, oder auch Bullying, bezeichnet ein wiederholtes, aggressives Verhalten gegenüber einer Person mit einem tatsächlichen oder wahrgenommenen Machtgefälle zwischen Täter und Opfer sowie eine Schädigungsabsicht (vgl. Petermann und Koglin, 2013, S. 56). In dieser Arbeit wird Mobbing als Abgrenzung zum Cybermobbing traditionelles Mobbing genannt.

Besonders hervorzuheben ist in diesem Zusammenhang die Arbeit der Berliner Polizei (Direktion 6, Abschnitt 61) im Bezirk Berlin-Lichtenberg, wo die *Themenbezogene Informationsveranstaltung (TIV)* zu Cybermobbing durchgeführt wird. Diese Veranstaltung basiert auf einem von der Polizei erarbeiteten Grundlagenmaterial. Durch die Kooperation mit dem Präventionsbeauftragten, Polizeihauptkommissar Mamerow, ist der Zugriff auf Antragsstellung beim Polizeipräsidenten Berlin zu diesem polizeiinternen Material ermöglicht worden. Darüber hinaus erstellt und veröffentlicht die Polizei Broschüren, Handlungsempfehlungen, Informationsmaterial, Filme, Comics u.v.a.m. sowohl für Schülerinnen und Schüler als auch für Lehrkräfte. Diese Materialien werden in vorliegender Arbeit nicht näher berücksichtigt, Schwerpunkt der Analyse liegt vielmehr auf dem Grundlagenmaterial der *TIV*.

Im letzten Teil der Arbeit wird auf spezifische Interventionsmaßnahmen für Schulen eingegangen. Im Fokus der Bewertung stehen dabei die *Mediation*, die *Systemische Mobbing-Intervention (SMI)* und die *Systemische Kurzintervention (SKI)*. Abschließend sind im Fazit die Möglichkeiten und Maßnahmen der Präventions- und Interventionsarbeit in der Sekundarstufe I zusammenzufassen und zu beurteilen.

Im Folgenden wird aus Gründen der besseren Lesbarkeit in dieser Arbeit auf die gleichzeitige Verwendung weiblicher und männlicher Sprachformen verzichtet. Sämtliche Personenbezeichnungen in der Arbeit gelten gleichwohl für beiderlei Geschlecht.

2 Mobbing

Die Herkunft des Begriffs *Mobbing* leitet sich aus dem Englischen, *mob* (der Pöbel) und *to mob* (jemanden anpöbeln), ab.[6]

Oft werden im Alltag die Begriffe Mobbing, Aggression und Gewalt synonym verwendet, obwohl Aggression ein übergeordneter Begriff ist, der Mobbing und Gewalt beinhaltet. Mobbing ist demnach eine Form aggressiven Verhaltens, doch nicht jede verletzende oder aggressive Handlung ist Mobbing.[7]

Schubarth formuliert spezifische Merkmale, die für diese spezielle Form der Gewalt und Aggression kennzeichnend sind. Dazu gehört die zielgerichtete Schädigungsabsicht, die sich verbal (drohen, beschimpfen), nonverbal (Gesten, Ausschließen aus einer Gruppe) oder körperlich (schlagen, treten, kneifen) äußert. Außerdem findet das Verhalten wiederholt und über einen längeren Zeitraum statt. Signifikant ist dabei ein Ungleichgewicht der Kräfte, weshalb Schüler kaum dazu in der Lage sind, sich allein aus einer Mobbingsituation zu befreien.[8] Hinzu kommt, dass Mobbing in einem Gruppengeschehen auftritt. Bei Übergriffen werden Mitschüler in das Geschehen einbezogen, um Überlegenheit und Macht zu demonstrieren.[9] Durch das Verbünden Mehrerer gegen einen Einzelnen ist auch ein starkes Machtgefälle sichtbar, das vor allem unter Schülern sehr ausgeprägt ist.[10]

Die Studie der DAK-Gesundheit zur Kinder- und Jugendgesundheit im Schuljahr 2016/17 zeigt, dass die Gewaltbereitschaft an Schulen groß ist. Demnach ist ein Fünftel der Befragten ein- bis zweimal im Jahr Opfer von Gewalt, 11% sind zwei- bis dreimal im Monat von anderen Schülern geschlagen oder getreten worden. In

---

[6] Vgl. Dambach, Karl (2011): Wenn Schüler im Internet mobben. Präventions- und Interventionsstrategien gegen Cyber-Bullying. München, S. 13.

[7] Vgl. Politi, Styliani (2020): Was ist Mobbing und wie kann man es erkennen? In: Mobbing an Schulen. Maßnahmen zur Prävention, Intervention und Nachsorge. Herausgegeben von Matthias Böhmer und Georges Steffgen. Wiesbaden, S. 2.

[8] Vgl. Schubarth, Wilfried (2019): a.a.O., S. 17-18.

[9] Vgl. Petermann, Franz; Koglin, Ute (2013): Aggression und Gewalt von Kindern und Jugendlichen. Hintergründe und Praxis. Berlin/Heidelberg, S. 56.

[10] Vgl. Kindler, Wolfgang (2009): Schnelles Eingreifen bei Mobbing. Strategien für die Praxis. Mülheim an der Ruhr, S. 10.

Deutschland sind laut der letzten PISA-Studie der OECD im Jahr 2017 16% der Schüler betroffen. Jungen im Vergleich zu Mädchen zwei Prozent mehr.[11]

Nachfolgend wird die Varietät von Mobbing dargestellt und der Bezug zu Cybermobbing hergestellt.

2.1 Formen von Mobbing

Mobbing hat sehr unterschiedliche Erscheinungsformen. Es kann von einzelnen Personen oder von einer Gruppe ausgehen und sich gegen Gruppen oder Einzelne richten.[12]

Auch die Handlungen variieren: Mobbing kann in direkter Form z.B. durch verbale oder physische Aggression oder in indirekter Form durch Ausschluss, Zurückweisung oder das Verbreiten von Gerüchten, auch als relationales Mobbing bezeichnet, auftreten.[13]

Physische Formen des direkten Mobbings beinhalten sowohl relativ harmlose Handlungen (jemanden an den Haaren ziehen) als auch möglicherweise lebensbedrohende (jemanden mit Gegenständen attackieren). Im Vergleich zum verbalen Mobbing kommt diese Form seltener vor. Zum verbalen Mobbing zählen obszöne Ausdrücke, Anschreien, Verlachen oder abwertende Bezeichnungen und Kommentare. Drohungen und Erpressungen nehmen eine besondere Stellung ein, da sie Anspielungen auf physische Aggressionen beinhalten.[14]

Das indirekte Mobbing bewirkt, dass sich die soziale Situation einer Person durch das Verbreiten von Gerüchten, Ignorieren oder Ausschließen aus einer Gruppe verschlechtert. Weiterhin kann es durch das Zerstören von Beziehungen zu einer zunehmenden Isolation der Betroffenen kommen.

---

11 Vgl. Deutscher Bundestag (2018): Mobbing an Schulen. (https://www.bundestag.de/resource/blob/592494/4ee825520cb3b29d7a6c0b6555f01657/WD-9-056-18-pdf-data.pdf) – letzter Zugriff am 16.02.2020 um 09:54 Uhr

12 Vgl. Politi, Styliani (2020): a.a.O., S. 6.

13 Vgl. Marées, Nandoli (2009): Der Bullying- und Viktimisierungsfragebogen. Konstruktion und Analyse von Instrumenten zur Erfassung von Bullying im Vor- und Grundschulalter, S. 22-23. (https://d-nb.info/993711227/34) – letzter Zugriff am 12.03.2020 um 11:47 Uhr

14 Vgl., ebd.

Besonders besorgniserregend ist, dass bereits im Vorschulalter indirektes Mobbing stattfindet und es somit zu einer großen Herausforderung für die gesamte Gesellschaft geworden ist.[15]

Dagegen ist Cybermobbing eine relativ neue Form des Mobbings, die im nachfolgenden Kapitel detailliert erläutert wird.

2.2 Cybermobbing

Die meisten Voraussetzungen des traditionellen Mobbings gelten auch für das neuere Phänomen Cybermobbing. Pieschl und Porsch definieren es wie folgt:

> „Cybermobbing sind alle Formen von Schikane, Verunglimpfung, Betrug, Verrat und Ausgrenzung mithilfe von Informations- und Kommunikationstechnologien, bei denen sich das Opfer hilflos und ausgeliefert und (emotional) belastet fühlt oder bei denen es sich voraussichtlich so fühlen würde, falls es von diesen Vorfällen wüsste."[16]

Dem Bundesministerium für Familie, Senioren, Frauen und Jugend zufolge ist der Begriff wie folgt zu verstehen: „Unter Cyberbullying oder Cybermobbing versteht man die Beleidigung, Bedrohung, Bloßstellung oder Belästigung von Personen mithilfe von Kommunikationsmedien, beispielsweise Smartphones, E-Mails, Websites, Foren, Chats und Communities."[17]

Demnach hat sich mit dem neuen, digitalen Zeitalter das Mobbing auf elektronische und digitale Medien verlagert. Jedoch sind, wie beim traditionellen Mobbing, mehrere Personen am Geschehen beteiligt, ein starkes Machtungleichgewicht ist ebenfalls erkennbar. Auch beim Cybermobbing geht es um die Absicht, andere gezielt und systematisch über einen längeren Zeitraum zu schädigen. Wobei Cybermobber häufig stärker in Internetcliquen oder Facebook-Gruppen integriert sind als ihre Opfer.[18]

---

[15] Vgl., ebd.

[16] Pieschl, Stephanie; Porsch, Torsten (2012): Schluss mit Cybermobbing! Das Trainings- und Präventionsprogramm »Surf-Fair«. Mit Film und Materialien auf DVD. Weinheim und Basel, S. 18.

[17] Bundesministerium für Familie, Senioren, Frauen und Jugend (2018): Was ist Cybermobbing? (https://www.bmfsfj.de/bmfsfj/themen/kinder-und-jugend/medienkompetenz/was-ist-cybermobbing-/86484) – letzter Zugriff am 12.03.2020 um 12:16 Uhr

[18] Vgl. Katzer, Catarina (2014): a.a.O., S. 60.

Kennzeichnend für diese Form von Mobbing ist, dass Täter einen höheren Anonymitätsgrad haben und so bei den Opfern ein Gefühl von Angst erzeugen und damit das Finden von Lösungsstrategien erschweren. Nicht zu unterschätzen ist dabei der Öffentlichkeitsgrad, der ein weltweites Zusehen möglich macht.[19] Schätzungen zufolge sind in Deutschland 1,1 Millionen Jugendliche im Alter von 12 bis 17 Jahren Nutzer der Plattform Facebook[20] und über 3 Millionen der 13- bis 19-Jährigen von Instagram.[21]

Am Problematischsten ist, dass alle online veröffentlichten Fotos oder Videos nicht unwiderruflich zu löschen sind und damit die Inhalte auf bestimmte Server weitergeleitet werden können. Cyberopfer haben damit keinen Schutzraum mehr, weil eine Vielzahl von Jugendlichen täglich mit dem Smartphone oder dem PC online umgeht. Daraus lässt sich schließen, dass Cybermobbing die wesentlich schlimmere Form des Mobbings ist.[22]

Ergebnisse der JIM-Studie (2017) zeigen deutlich: jeder fünfte Jugendliche hat schon falsche oder beleidigende Inhalte über eine Person im Internet verbreitet. Davon betroffen sind am stärksten die 16- bis 17-Jährigen. Wiederum fast jeder Vierte (24%) hat beleidigende oder falsche Inhalte über sich selbst lesen müssen, bei den 12-13-Jährigen sind es 16%, bei den 14-15-Jährigen 18 % und bei den 18-19-Jährigen 21%. Von den volljährigen Jugendlichen gaben 46% an, über solche Vorfälle in ihrem Bekanntenkreis gehört zu haben. Entscheidend dabei ist der Bildungsgrad: die Wahrscheinlichkeit von Cybermobbing betroffen zu sein, ist an Haupt- und Realschulen (26%) deutlich höher als an Gymnasien (17%).[23]

Nachfolgend werden die unterschiedlichen Komponenten von Cybermobbing erläutert.

---

[19] Vgl., ebd., S. 61.

[20] Vgl. Stellmach, Vivien (2019): Wie viele Facebook-Nutzer gibt es denn nun in Deutschland? (https://www.basicthinking.de/blog/2019/11/27/facebook-nutzer-emarketer-prognose/) – letzter Zugriff am 18.03.2020 um 10:40 Uhr

[21] Vgl. Peek, Sven-Olaf (2019): Instagram-Wachstum 2019. Stagnation auf sehr hohem Niveau. (https://www.crowdmedia.de/instagram-wachstum-deutschland-2019/) – letzter Zugriff am 18.03.2020 um 10:54 Uhr

[22] Vgl. Katzer, Catarina (2014): a.a.O., S. 61-62.

[23] Vgl. Feierabend, Sabine; Plankenhorn, Theresa; Rathgeb, Thomas (2017): JIM 2017. Jugend, Information, (Multi-) Media. Basisstudie zum Medienumgang 12- bis 19-Jähriger in Deutschland. Herausgegeben vom Medienpädagogischen Forschungsverbund Südwest (mpfs). Stuttgart, S. 59.

2.2.1 Formen

Angriffe im Internet haben viele verschiedene Ausdrucksformen und äußern sich in unterschiedlichen Verhaltensweisen. Sowohl die Autoren Peter und Petermann, Pieschl und Porsch als auch Katzer orientieren sich dabei an den Kategorien nach Willard: *Flaming, Harassment, Denigration, Impersonation, Outing & Trickery* und *Exclusion*.[24]

Eine hitzige Auseinandersetzung zwischen zwei oder mehreren Personen wird als „extremes Beleidigen" (*Flaming*) bezeichnet. Neben Beschimpfungen und Beleidigungen kann es auch zu Drohungen kommen. Diese Form des Cybermobbings kommt häufig in öffentlichen Domänen des Internets vor und motiviert die Außenstehenden, für eine Seite Partei zu ergreifen.[25]

Wenn ein Opfer wiederholt und andauernd viele beleidigende Nachrichten erhält, versteht man darunter „Schikane" (*Harassment*). Durch alle möglichen elektronischen Kommunikationswege (E-Mail, Messenger, Chat, SMS) können die Nachrichten übermittelt werden.[26] Wobei sich im Gegensatz zum extremen Beleidigen „Schikane von einem Täter an ein Opfer, ohne dass das Opfer darauf eingeht"[27], richtet.

Bei der „Verleumdung" oder absichtlichen Verbreitung von Gerüchten und Lügen (*Denigration*) verfolgt der Täter das Ziel, sein Opfer durch das Zerstören von Freundschaften oder durch Rufschädigung zu verletzen. Der direkte Empfänger der Nachrichten ist nicht das Opfer selbst, sondern Freunde oder Klassenkameraden. Das Verbreiten von Gerüchten und Lügen im Internet gilt damit einem viel größeren Publikum, sodass das Opfer vor anderen bloßgestellt wird.[28]

Beim „Identitätsdiebstahl" (*Impersonation*), nimmt der Täter die Identität des Opfers an. Die Voraussetzung hierfür sind Account-Informationen des Opfers, wie z.B. Benutzername und Passwort, mit denen sich der Täter bei einem Messenger oder einer Online-Plattform anmeldet, um Nachrichten zu versenden, Bilder hoch-

---

[24] Vgl. Peter, Ira-Katharina; Petermann, Franz (2018): Cybermobbing im Kindes- und Jugendalter. In: Klinische Kinderpsychologie. Band 15. Herausgeber der Reihe: Prof. Dr. Franz Petermann. Göttingen, S. 21.

[25] Vgl., ebd., S. 24.

[26] Vgl., ebd., S. 25.

[27] Ebd.

[28] Vgl., ebd., S. 26.

zuladen oder Inhalte zu kommentieren. Dies verletzt die Privatsphäre des Opfers in höchstem Maße.[29]

Der „Verrat" oder „Vertrauensmissbrauch" (*Outing & Trickery*) ist eine Form des Cybermobbings, bei dem der Täter zunächst eine vertrauliche Beziehung vorspielt, um dem Opfer dann private Informationen wie z.B. anzügliche Fotos oder Videos zu entlocken, damit er diese im Anschluss veröffentlicht oder verbreitet. Häufig findet man diese Art des Cybermobbings bei gescheiterten Paarbeziehungen.[30]

Der „Ausschluss" oder das „Ausgrenzen" (*Exclusion*) eines Opfers findet in Chatgruppen, Messengern, Online-Spielen oder sozialen Netzwerken statt. Das Opfer wird ignoriert und systematisch von gemeinsamen Online-Aktivitäten ausgeschlossen und nicht in die vorhandenen Gruppenaktivitäten integriert.[31]

Neuere Erscheinungen sind *Sexting* und *Happy Slapping.* Ersteres zielt auf das oftmals gezwungene Versenden erotischer oder anzüglicher Fotos oder Videos mittels elektronischer Medien ab, während Letzteres vom Filmen körperlicher Gewalt einer Gruppe gegen ein Opfer ausgeht, um es dann online zu verbreiten.[32]

Peter und Petermann unterscheiden zusätzlich zwischen *Verlinken* und *Photoshopping*. Beim *Verlinken*, oder auch *Tagging*, wird das Web-Profil eines Nutzers auf einem bestimmten Webinhalt wie Foto oder Video verlinkt. Das *Photoshopping* ist mittlerweile eine sehr beliebte Methode, bei der es um die Verunstaltung von Bildmaterial geht. Fotos des Opfers werden deformiert und/oder mit beleidigenden Sprüchen versehen. Je nach Fähigkeit können auch komplexe Fotomontagen angefertigt werden. Mit der Veröffentlichung der bearbeiteten Bilder geht meist eine *Verlinkung* einher, wodurch das Opfer auf die Beleidigung aufmerksam gemacht wird und öffentlich blamiert ist.[33]

Laut der Studie vom *Bündnis gegen Cybermobbing e.V.* (2017) kommt am häufigsten extremes Beleidigen bei deutschen Schülern vor. Knapp die Hälfte ist Opfer von Lügen und Gerüchten, ein Viertel wird erpresst, bedroht, unter Druck gesetzt, von

---

[29] Vgl., ebd., S. 29.

[30] Vgl., ebd., S. 28.

[31] Vgl., ebd., S. 30.

[32] Vgl., ebd., S. 31-35.

[33] Vgl., ebd., S. 27-28.

Online-Aktivitäten ausgeschlossen und private Aufnahmen werden kopiert und veröffentlicht. Von jedem Fünften werden peinliche Fotos oder Filme weitergeleitet.[34]

2.2.2 Rollenverteilung

Innerhalb des traditionellen Mobbings werden bestimmte Rollen definiert: Täter, Opfer und Außenstehende. Analog dazu lassen sich die verschiedenen Rollen auf die digitale Welt übertragen: Cybermobbing-Täter, Cybermobbing-Opfer, Cybermobbing-Außenstehende.[35]

Verschiedenen Analysen zufolge haben Cybermobbing-Täter folgende typische Merkmale: älteres Jugendalter, männliches Geschlecht, involviert in Situationen des traditionellen Mobbings, starke Verhaltensauffälligkeiten, mangelnde Empathie und Reue gegenüber Mitmenschen, oft auch Erfahrungen als Opfer des traditionellen Mobbings, schlechte Beziehungen zu Gleichaltrigen, Züge antisozialer Persönlichkeit, ein von Konfliktverhalten und mangelnder Betreuung geprägtes Familienleben sowie ein vorherrschend negatives Schulklima.[36]

Besonders hervorzuheben ist die Schlussfolgerung, dass die Medienerziehung einen bedeutenden Einfluss auf das Mobbingverhalten der späteren Cybermobbing-Täter hat, denn je weniger Unterstützung die Jugendlichen im Umgang mit dem Internet erhalten und Kontrolle der Internetnutzung erfahren, desto höher ist die Wahrscheinlichkeit, Täter zu werden.[37] Dieser Aspekt ist für die Präventionsarbeit in Schulen besonders wichtig, da durch gezieltes, systematisches Vorbeugen in Form von diversen Projekten, Programmen und durch Medienbildung die Häufigkeit von Cybermobbing reduziert werden kann.

---

[34] Vgl. Bündnis gegen Cybermobbing e.V. (2017): Cyberlife II. Spannungsfeld zwischen Faszination und Gefahr. Cybermobbing bei Schülerinnen und Schülern. Zweite empirische Bestandsaufnahme bei Eltern, Lehrkräften und Schüler/innen in Deutschland, S. 82. (https://www.buendnis-gegen-cybermobbing.de/fileadmin/pdf/studien/2016_05_02_Cybermobbing_2017End.pdf) – letzter Zugriff am 10.04.2020 um 14:13 Uhr

[35] Vgl. Schenk, Laura (2020): Was ist Cybermobbing? In: Mobbing an Schulen. Maßnahmen zur Prävention, Intervention und Nachsorge. Herausgegeben von Matthias Böhmer und Georges Steffgen. Wiesbaden, S. 282.

[36] Vgl., ebd., S. 284.

[37] Vgl., ebd.

Des Öfteren haben die Opfer von Cybermobbing auch Erfahrungen mit traditionellem Mobbing. Sie zeigen körperliche Stress- und Angstreaktionen, berichten von depressiven Symptomen und haben meist ein vermindertes Selbstwertgefühl sowie Probleme, stabile Beziehungen aufzubauen und aufrechtzuerhalten. Analog zum Täterprofil ist die Erziehung bei den Opfern maßgeblich. Wobei sich durch mangelndes Familienmanagement, schwachen Zusammenhalt, unzulängliches Monitoring und ein konfliktreiches Elternhaus die Wahrscheinlichkeit, Opfer von Cybermobbing zu werden, erhöht.[38]

Die sogenannten Bystander oder auch Cybermobbing-Außenstehende spielen eine wesentliche Rolle im dynamischen Gruppenprozess. Als Zeuge der Taten können sie die Dynamik des Mobbingprozesses verändern und durch aktives Eingreifen den Cybermobbing-Täter von seinem schädigenden Verhalten abbringen oder – im Gegensatz dazu – ihn durch Passivität unterstützen und bestärken. Kennzeichnend für Außenstehende beim Cybermobbing ist, dass sie überwiegend verletzende Inhalte betrachten, liken oder sogar mit anderen teilen. Aufgrund der Anonymität im Internet ist schwer einzuschätzen, wie viele Bystander es tatsächlich gibt. Die Verantwortung gegenüber dem Opfer wird scheinbar abgegeben, weil sie davon ausgehen, dass sich andere um das Problem kümmern werden. Jedoch ohne eine Initiative für das Opfer zu ergreifen, wird das Verhalten des Täters unterstützt.[39]

2.2.3 Risikofaktoren

Zahlreiche Studien haben ergeben, dass das traditionelle Mobbing und das Cybermobbing von ähnlichen Risikofaktoren beeinflusst werden. Im Folgenden hat Katzer eine Reihe von Merkmalen zusammengefasst, die unter Umständen Cybermobbing befördern können, wie schon im Kapitel 2.2.2 zu den typischen Merkmalen eines Cybermobbing-Täters in Ansätzen aufgezählt wurde.

Zu Beginn der Untersuchungen in Deutschland (2005-2009) konnte in Hinblick auf Risikogruppen festgestellt werden, dass das Geschlecht eine bedeutende Rolle spielt. Anfänglich haben Jungen im Vergleich zu Mädchen häufiger gemobbt. Mittlerweile hat sich das stark verändert: Mädchen mobben immer mehr und brutaler, z.B. durch verbale Beleidigungen, Verrat oder Vertrauensmissbrauch.[40]

---

[38] Vgl., ebd., S. 285-286.
[39] Vgl., ebd., S. 286-287.
[40] Vgl. Katzer, Catarina (2014): a.a.O., S. 79.

Auffallend dabei ist, dass die Täter ihre eigenen schulischen Leistungen als gering einschätzen, aber dennoch bei Gleichaltrigen beliebt sind. Sie sind stark in Internetgruppen oder -cliquen eingebunden, sodass sie für ihr Vorgehen Rückhalt und Unterstützung erfahren. Hervorstechend ist eine gering ausgeprägte Empathiefähigkeit, eine höhere Gewaltbereitschaft und eine Delinquenz zu Vandalismus, Diebstahl usw. Viele haben eine schlechte Bindung zu ihren Eltern. Das Familienverhältnis ist geprägt von geringem Vertrauen und von Desinteresse an den Sorgen und Ängsten der Kinder und Jugendlichen. Das Medium Internet wird nicht diskutiert, da die Eltern oftmals davon ausgehen, dass genügend Medienkompetenzen vorhanden sind.[41]

Es ist allerdings nachgewiesen, dass in Bezug auf Dauer und Häufigkeit der Internetnutzung nur ein unwesentlicher Zusammenhang mit gezeigtem Mobbingverhalten besteht. Cybertäter sind im Allgemeinen nicht viel länger oder häufiger im Internet als andere Nutzer.[42]

Beunruhigend ist, dass Cybertäter immer jünger werden und bereits in der Grundschule damit beginnen, andere zu mobben. Wobei das Mobben im Internet in allen Schulformen zu finden ist.[43]

Für die Präventionsarbeit bedeutet das, den Jungen und Mädchen schon in der Grundschule und in allen weiterführenden Schulen die Risiken bewusst zu machen.

Dazu gehört auch, dass das Medienverhalten von den Schülern selbst innerhalb und außerhalb des Unterrichts zu reflektieren ist und entsprechende Fähigkeiten und Fertigkeiten von ihnen zu erwerben sind. Mithilfe eines gezielten Trainings sollte vorrangig Empathiefähigkeit der Kinder und Jugendlichen gefördert werden.

Nicht nur das pädagogische Personal, sondern auch die Eltern müssen durch verschiedene Veranstaltungen oder in Elternabenden über die Gefahren des Internets informiert und insbesondere in Bezug auf Cybermobbing sensibilisiert werden.

2.2.4 Auswirkungen

Betroffene von Cybermobbing zeigen viele verschiedene psychische und psychosomatische Symptome und Auffälligkeiten. Unterschiedliche Studien kommen zu dem Ergebnis, dass sie im Vergleich zu traditionellen Mobbingopfern viel mehr

---

[41] Vgl., ebd., S. 80.

[42] Vgl., ebd., S. 81.

[43] Vgl., ebd., S. 82.

internalisierende und externalisierende Probleme zeigen, wobei die Wahrnehmung und Bewertung des jeweiligen Schweregrads vom persönlichen Empfinden des Betroffenen abhängig ist.[44]

Daraus ableitend formulieren Peter und Petermann Kriterien, die den Schweregrad von Cybermobbing deutlich beeinflussen: Anonymität, Beziehung zwischen Täter und Opfer, Öffentlichkeit, Intensität des Vorfalls, eigene Betroffenheit, eigenes Handlungsrepertoire, Machtungleichgewicht, Motivation des Täters, Häufigkeit sowie die eigene Rolle (Täter oder Opfer). Zu konstatieren ist, dass der Schweregrad logischerweise einen direkten Einfluss auf die Bewältigungsstrategien bei Kindern und Jugendlichen hat. Die negativen Auswirkungen für Betroffene sind demzufolge davon abhängig, wie die Belastungen bewältigt werden. Bei den internalisierenden Lösungswegen wird das Erlebte, um es zu verarbeiten, in das Innere der Person verlagert. Viele Befunde zeigen, dass es einen direkten Zusammenhang zwischen Cybermobbing und der Entstehung von depressiven Symptomen gibt. Darüber hinaus kämpfen zahlreiche Jugendliche mit emotionalen und psychosomatischen Problemen wie Angst, Einsamkeit und Unzufriedenheit in der Schule.[45]

Dem gegenüber steht das externalisierende Verhalten, das sich in Form von Aggressivität zeigt, die eine Schädigung einer oder mehrerer Personen impliziert.[46] Neben dem aggressiven und delinquenten Verhalten konnte außerdem nachgewiesen werden, dass Tabletten-, Alkohol- und Drogenkonsum bei den betreffenden Jugendlichen festzustellen ist.[47]

Sehr deutlich sind die Ergebnisse der empirischen Studie vom *Bündnis gegen Cybermobbing e.V.* aus dem Jahr 2017, die alle 16 Bundesländer mit ca. 1500 Schülern, überwiegend in der Sekundarstufe I, einbezieht. Demnach fühlen sich die meisten Betroffenen verletzt (62%), fast die Hälfte reagiert wütend (47%), über ein Drittel empfindet Angst (36%) und 30% spüren eine andauernde Belastung im Alltag. Beunruhigend ist, dass ein Fünftel der Befragten Suizidgedanken hat und

---

[44] Vgl., Peter, Ira-Katharina; Petermann, Franz (2018): a.a.O., S. 119.

[45] Vgl., ebd., S. 124-128.

[46] Vgl. Stemmer, Mark; Hacker, Stefanie (2009): Förderung bei externalisierenden Problemen. In: Psychologische Förder- und Interventionsprogramme für das Kindes- und Jugendalter. Herausgegeben von Arnold Lohaus und Holger Domsch. Heidelberg, S. 3.

[47] Vgl., Peter, Ira-Katharina; Petermann, Franz (2018): a.a.O., S. 129.

weitere 14% versuchen, das Problem mit Alkohol- oder Tablettenkonsum zu lösen.[48]

Suizid ist wohl die mit Abstand schlimmste Folge von Cybermobbing. Wie eingangs erwähnt, ereignete sich einer der bewegendsten Fälle im Jahr 2012 in Kanada.[49] 2019 gab es auch in Deutschland einen ähnlich tragischen Fall. Eine 11-jährige Grundschülerin nahm sich das Leben – vermutlich, wie der Tagesspiegel berichtet, aufgrund von anhaltendem Mobbing und Cybermobbing.[50]

Auswirkungen von Cybermobbing	Trifft überhaupt nicht zu → Trifft voll und ganz zu
Ich war sehr verletzt	13 11 14 14 48
Ich war sehr wütend	19 19 15 13 34
Ich war sehr verängstigt	34 15 15 12 24
Das belastet mich heute noch sehr stark	38 14 17 13 17
Ich habe daran gedacht, mir das Leben zu nehmen	59 11 10 7 13
Ich habe Alkohol getrunken oder Tabletten genommen	73 6 7 6 8

Abb. 1: Persönliche Auswirkungen von Cybermobbing

2.2.5 Strafrechtliche Folgen

Die negativen Auswirkungen für die Opfer sind so dramatisch, dass sich die Frage nach den strafrechtlichen Konsequenzen für die Täter stellt.

In Deutschland gibt es keinen konkreten Straftatbestand Mobbing oder Cybermobbing. Dennoch können einzelne Handlungen und Verhaltensweisen der Täter strafbar sein bzw. verschiedene Straftatbestände erfüllen. Folgende können dabei im Zusammenhang mit Cybermobbing in Betracht kommen: Beleidigung (§185 StGB), üble Nachrede (§186 StGB), Verleumdung (§187 StGB), Verletzung der Vertraulichkeit des Wortes (§201 StGB), Verletzung des höchstpersönlichen Lebensbereiches

---

[48] Vgl. Bündnis gegen Cybermobbing e.V. (2017): a.a.O., S. 87.

[49] Vgl., ebd., S. 130.

[50] Vgl. Van Bebber, Werner; Haselberger, Stephan (2019): Suizid in Berlin. Was über den Tod des 11-jährigen Mädchens bekannt ist. (https://www.tagesspiegel.de/berlin/suizid-in-ber-lin-was-ueber-den-tod-des-elfjaehrigen-maedchens-bekannt-ist/23943858.html) – letzter Zugriff am 25.02.2020 um 13:13 Uhr

durch Bildaufnahmen (§201a StGB), Nötigung (§240 StGB), Bedrohung (§241 StGB) sowie Gewaltdarstellung (§131 StGB).[51]

Konstruktiv sind die umfangreichen Ausführungen zu strafrechtlichen Konsequenzen von Cybermobbing in der Dissertation von Anika Reum. Demnach kann Cybermobbing eine Körperverletzung, sowohl in Form von Gesundheitsschädigungen durch eine deutliche Einschränkung im körperlichen und geistigen Wohlbefinden, als auch in Form von körperlicher Misshandlung und daraus resultierenden psychischen Folgen mit einhergehenden, starken körperlichen Schädigungen implizieren. Grundsätzlich werden die seelischen Verletzungen jedoch nicht erfasst. Abhängig von der Intention des Täters kann aber eine fahrlässige Körperverletzung nach §229 StGB in Betracht kommen.[52]

Beim Cybermobbing kann eine Nötigung nicht durch Gewaltanwendung, sondern nur durch eine Drohung zustande kommen. Der Straftatbestand der Verwerflichkeit der Tat ist erfüllt, wenn die Absicht einer demütigenden oder schikanierenden Handlung vorliegt oder darauf abzielt, den Betreffenden sozial zu isolieren bzw. aus einer Gemeinschaft auszuschließen. Besonders im schulischen Umfeld stellt das ein großes Problem dar, weil die Opfer zu einem Schulwechsel gedrängt werden können.[53]

Das beharrliche und wiederholte Belästigen einer Person in Form von Stalking entspricht dem Straftatbestand der Nachstellung nach §238 StGB. Dabei kann Cybermobbing infolge von Stalking auftreten, aber auch Stalking infolge von Cybermobbing ist möglich.[54]

Durch verschiedene Mobbinghandlungen wie negative Kommentierungen in Bewertungsportalen, Verbreiten von Gerüchten oder Veröffentlichen manipulierter Fotos oder Videoaufnahmen kann der Täter den Tatbestand der Ehrverletzung erfüllen, weil die Ehre des Opfers durch Beleidigung, Verleumdung und üble Nachrede verletzt wird. Unerheblich ist dabei, ob es sich um Einzeltäter oder eine

---

51 Vgl. Deutscher Bundestag (2016): Kurzinformation zum Straftatbestand Cybermobbing. (https://www.bundestag.de/resource/blob/483622/32b7fb4bb887873da-bcbb2b085be08dc/WD-7-154-16-pdf-data.pdf) - letzter Zugriff am 25.02.2020 um 10:33 Uhr

52 Vgl. Reum, Anika (2014): Cybermobbing. Zur strafrechtlichen Relevanz der Schikane in den neuen Medien. Hamburg, S. 78-86.

53 Vgl., ebd., S. 88-94.

54 Vgl., ebd., S. 95-102.

Gruppe handelt, da auch eine Mittäterschaft bestraft werden kann. Dieser Aspekt ist nicht unwesentlich, da Cybermobbing in Gruppen ausgeübt wird und Beteiligte oft unterschätzen, welche Auswirkungen ihr Verhalten auf das Opfer und für sie selbst hat.[55]

Entgegen vieler Befürchtungen und Vorurteile ist das Internet kein rechtsfreier Raum, in dem schädigendes Verhalten ungestraft bleibt. Dies belegt z.B. ein Fall in Klagenfurt aus dem Jahr 2017, als ein 15-jähriger Schüler in verschiedenen sozialen Medien von einer Schülerin massiv gemobbt wurde. Die 14-Jährige wurde durch das Landesgericht Klagenfurt wegen Bedrohung und gefährlicher Körperverletzung zu neun Monaten teilbedingter Haft verurteilt.[56]

Kinder sind nach §19 StGB erst ab dem 14. Lebensjahr strafmündig, können aber unter bestimmten Voraussetzungen bereits ab dem siebenten Lebensjahr für verursachte Schäden gegenüber einer anderen Person verantwortlich gemacht werden (siehe §828 BGB).[57] Das Amtsgericht Charlottenburg verurteilte im Jahr 2015 einen 13-Jährigen zu einer Zahlung von 1000,00€ Schmerzensgeld, weil er Sexting-Fotos seiner Freundin per Whatsapp in seinem Freundeskreis verbreitete.[58]

---

[55] Vgl., ebd., S. 112, 161.

[56] Vgl. O.V. (2017): 15-jähriges Mädchen bekommt Haftstrafe wegen Cybermobbing. In: futurezone vom 08.08.2017 (https://www.futurezone.de/digital-life/article211519015/15-jaehriges-Maedchen-bekommt-Haftstrafe-wegen-Cybermobbing.html) – letzter Zugriff am 25.02.2020 um 11:52 Uhr

[57] Loebisch, Stefan (2015): Urteil: Schmerzensgeld bei Cyber-Mobbing unter Schülern. (https://www.loebisch.com/urteil-schmerzensgeld-bei-cyber-mobbing-unter-schuelern-3973/) – letzter Zugriff am 10.04.2020 um 13:37 Uhr

[58] Sagatz, Kurt (2015): 1000 Euro Schmerzensgeld für das Posten aufreizender Fotos. (https://www.tagesspiegel.de/gesellschaft/medien/sexting-fotos-von-13-jaehriger-1000-euro-schmerzensgeld-fuer-das-posten-von-aufreizenden-fotos/12256870.html) – letzter Zugriff am 10.04.2020 um 13:15 Uhr

3 Handlungsmöglichkeiten in der Präventionsarbeit

Die Präventionsarbeit ist von großer Relevanz, denn nur so kann man einerseits den Opfern signalisieren, dass sie ernst genommen und geschützt werden und es andererseits Tätern ermöglichen, aus der Spirale der Gewalt auszusteigen. Die wichtigsten Akteure der Präventionsarbeit sind im familiären und persönlichen Umfeld (Eltern, Familie, Freunde), im schulischen Umfeld (Schulleiter, Lehrer, Mitschüler) und im politischen Umfeld (Bildungspolitik, Justiz).[59]

Im Rahmen dieser Arbeit wird ausschließlich auf die Schulebene eingegangen. Effektive Rahmenbedingungen der Schulen, Medienbildung und -erziehung sowie spezifische Präventionsprogramme des Problemfelds Cybermobbing werden vorgestellt, analysiert und bewertet.

3.1 Rahmenbedingungen in der Schule

Wenn man als Schule Cybermobbing reduzieren möchte, ist es erforderlich, bestimmte präventive Maßnahmen zu ergreifen, denn Prävention ist wirksamer und nachhaltiger als Intervention. Zusätzlich kann eine eindeutige Haltung der Schule das Geschehen im Netz dauerhaft beeinflussen.[60]

Eine effektive Voraussetzung auf der Schulebene ist das Schaffen und Pflegen eines guten und vertrauensvollen Schulklimas.[61] Dieses zeichnet sich besonders durch aktive Problemlösung, zielgerichtete Feedbackorientierung, Lernoptimismus, bewusste Beziehungsarbeit, Fehlerfreundlichkeit, Selbstverantwortung sowie Einbeziehen und Unterstützen von allen Kollegen, Schülern und Eltern aus.[62]

---

[59] Vgl. Katzer, Catarina (2014): a.a.O., S. 147.

[60] Vgl. Jannan, Mustafa (2015): Das Anti-Mobbing-Buch. Gewalt an der Schule – vorbeugen, erkennen, handeln. Weinheim und Basel, S. 87.

[61] Vgl. Arentewicz, Gerd; Fleissner, Alfred; Struck, Dieter (2009): Mobbing. Psychoterror am Arbeitsplatz, in der Schule und im Internet – Tipps und Hilfsangebote. Hamburg, S. 136.

[62] Vgl. Brägger, Gerold; Posse, Norbert (2007): Gutes Schulklima – eine Kultur der Anerkennung und Kooperation, S. 113-114. (https://www.iqesonline.net/File/3-4_Gutes_Schulklima_-_Eine_Kultur_der_Anerkennung_und_Kooperation.pdf) – letzter Zugriff am 02.03.2020 um 09:38 Uhr

Schulprojekte, die die Schülerschaft für Cybermobbing sensibilisieren, sind ebenfalls sinnvoll. So können bspw. in den einzelnen Klassen Cyber-Cops ausgebildet werden, die sich im Netz um diskriminierende Fotos oder Einträge von Mitschülern kümmern.[63]

Viele präventive Ansätze sollten bereits in den Grundschulen erfolgen, Aufklärungsarbeit ist dabei ein wirksamer und wichtiger Schritt. Lehrkräfte können von Jugendschutzbeauftragten qualifiziert werden und darüber hinaus Eltern und Schüler aufklären. Entsprechende Ressourcen für Aus- und Fortbildungen, Entlastungsstunden und umfangreiche Konzepte sollten von der Schule offengelegt werden und schulintern abgestimmt sein. Hierbei sind Fortbildungen zur Vermittlung der Grundkenntnisse im Umgang mit Medien grundlegend.[64]

Innerhalb ganzer Jahrgangsstufen können Schülerveranstaltungen zu Themen wie *Gefahren sozialer Netzwerke* oder *Rechtliche Aspekte der Verbreitung illegaler Inhalte über digitale Medien* stattfinden. Hierfür können die umfangreichen Materialien der EU-Initiative *Klicksafe* genutzt werden.[65]

Nicht außer Acht gelassen sollten Veranstaltungen, die für Eltern ausgelegt sind, da davon auszugehen ist, dass viele kaum Erfahrungen mit der Medienproblematik haben und daher ein geringes Problembewusstsein vorhanden sein könnte. Die Schule kann mithilfe von Informationsveranstaltungen im Rahmen von Elternabenden oder Gesamtkonferenzen die Eltern für das digitale Leben ihrer Kinder sensibilisieren und auf zahlreiche Risiken im Netz aufmerksam machen.[66] Darüber hinaus sollten sie von Seiten der Schule nicht nur über den verantwortungsvollen Umgang mit dem Internet, sondern auch über entsprechende Sanktionen bei Missbrauch aufgeklärt werden.[67]

Sinnvoll und wirksam ist die Verknüpfung von vorhandenen Gewaltpräventions- und Mediationsprogrammen mit dem Themenbereich Cybermobbing.[68] Schubarth stellt zahlreiche dieser Programme vor und evaluiert sie gleichzeitig. Hierzu

---

63 Vgl. Arentewicz, Gerd; Fleissner, Alfred; Struck, Dieter (2009): a.a.O., S. 137.

64 Vgl. Rademacher, Helmolt; Altenburg-van Dieken, Marion (Hrsg.) (2011): Konzepte zur Gewaltprävention in Schulen. Prävention und Intervention. Berlin, S. 90.

65 Vgl., ebd., S. 91.

66 Vgl., ebd.

67 Vgl. Jannan, Mustafa (2015): a.a.O., S. 58.

68 Vgl. Rademacher, Helmolt; Altenburg-van Dieken, Marion (Hrsg.) (2011): a.a.O., S. 92-93.

gehören u.a. *FAUSTLOS, Soziales Lernen, No Blame Approach, FIT FOR LIFE, fair-player* und das *Buddy-Projekt*.[69]

Jannan formuliert verschiedene Grundsätze, wie Schulen vorbeugend auf Cybermobbing reagieren können. Als Erstes ist es notwendig, dass eine einheitliche Definition von Cybermobbing vorliegt und die Abgrenzung zum traditionellen Mobbing erfolgt. Dazu gehört eine Anti-Mobbing-Vereinbarung als ein wichtiges Instrument auf der Schulebene, die speziell Cybermobbing einbezieht. Eine solche Konvention in Form eines unterschriebenen Vertrages sollte von Schülern zur Kenntnis genommen werden und könnte z.B. ein Verbot über das Benutzen von Smartphones im Unterricht oder auf dem Pausenhof beinhalten. Eine bedeutende Maßnahme ist auch das Erstellen eines Regelkatalogs. In diesem Zusammenhang kann das Einführen von klar definierten Regeln im Klassenchat ebenfalls sehr effizient sein.[70]

Eine andere Form der Aufklärung wäre ein Informationsblatt, das Handlungsmöglichkeiten im Umgang mit Cybermobbing enthält. Hierzu gehört bspw., wie ein Cybertäter in sozialen Netzwerken oder bei Instant Messengern gesperrt oder beim Anbieter gemeldet wird, welche Personen und Anlaufstellen es innerhalb und außerhalb der Schule gibt und wie Beweise bestmöglich gesichert werden können.[71]

Nicht zuletzt ist es eine Aufgabe der Lehrkräfte, das Thema Cybermobbing im Unterricht zu behandeln. Zugleich ist es erforderlich, eine Schulkultur des Helfens und der Gewaltfreiheit fest in das schulinterne Curriculum zu integrieren. Durch das Festlegen bestimmter Ansprechpartner bei Problemen oder das Etablieren von Anti-Mobbing-Beratungsteams kann eine Schule Strukturen für die Arbeit gegen Cybermobbing schaffen.[72]

Letztlich ist als Ergänzung ein Auftreten von Polizeibeamten in den Klassen von großer Wirksamkeit.[73] Die Berliner Polizei stellt auf ihrer Internetseite wichtige Informationen zu den gesetzlichen Bestimmungen und den einzelnen Straftatbeständen vor.

---

[69] Vgl., Schubarth, Wilfried (2019): a.a.O., S. 5-6.
[70] Vgl. Jannan, Mustafa (2015): a.a.O. S. 58, 87-88.
[71] Vgl., ebd., S. 88.
[72] Vgl. Katzer, Catarina (2014): a.a.O., S. 204.
[73] Vgl. Jannan, Mustafa (2015): a.a.O, S. 88.

Für Eltern, Lehrkräfte und Schüler gibt es kostenlose Broschüren mit möglichen Präventionsansätzen: *Tipps für Eltern zur Vermittlung von Medienkompetenz, Tipps zur Vorbeugung von Cybermobbing, Was Sie bei Cybermobbing-Attacken tun können* und auch die *Themenbezogene Informationsveranstaltung (TIV)* für Schulen, die im Kapitel 3.3.1 näher erläutert wird.[74]

3.2 Medienbildung und -erziehung

Mittlerweile sind Medien ein selbstverständlicher Bestandteil der Lebenswelt von Kindern und Jugendlichen. Sie bieten zahlreiche Möglichkeiten der Kommunikation, denn es gibt vielfältige Varianten der Individualkommunikation, Gruppenkommunikation und Massenkommunikation. Die Erweiterung der herkömmlichen Medien durch digitale Medien hat zur Folge, dass „Inhalte nicht nur als verbaler Text und Bild zur Verfügung stehen, sondern in vielfältigen Formen kombiniert werden und interaktiv verarbeitet werden können".[75] Diese vielseitige Welt der digitalen Medien birgt allerdings für Jugendliche nicht nur Chancen, sondern auch Risiken. Deshalb wird auf langfristige Sicht das Einführen eines neuen Schulfachs „Medienerziehung" sinnvoll und notwendig sein, in dem alle Themen detailliert unterrichtet werden. Aber auch in bereits bestehende Fächer sind Medienerziehung und -bildung zu integrieren.[76]

Der Rahmenlehrplan für die Sekundarstufe I (Teil B) für Berlin und Brandenburg berücksichtigt in den Ausführungen zur überfachlichen Kompetenzentwicklung den Bereich Medienbildung. Medienkompetenz wird dort wie folgt definiert:

> „Medienkompetenz bezeichnet Kenntnisse, Fähigkeiten und Fertigkeiten, die für ein sachgerechtes, selbstbestimmtes, kreatives und verantwortliches Handeln in einer von Medien wesentlich bestimmten Welt notwendig ist. Medienbildung ist eine verbindliche Querschnittsaufgabe aller Fächer und berücksichtigt das Lernen mit und über Medien."[77]

---

[74] Vgl. Der Polizeipräsident von Berlin (2020): Cybermobbing. Gefahren im Umgang mit digitalen Medien. (https://www.berlin.de/polizei/aufgaben/praevention/cybercrime/artikel.854782.php) – letzter Zugriff am 02.03.2020 um 09:15 Uhr

[75] Tulodziecki, Gerhard; Herzig, Bardo; Grafe, Silke (2019): Medienbildung in Schule und Unterricht. Grundlagen und Beispiele. Bad Heilbrunn, S. 11.

[76] Vgl. Katzer, Catarina (2014): a.a.O., S. 180.

[77] Rahmenlehrplan für Berlin und Brandenburg, Teil B: Fachübergreifende Kompetenzentwicklung, S. 13. (https://bildungsserver.berlin-

Die Medienkompetenz beinhaltet die Kompetenzbereiche *Informieren, Analysieren, Reflektieren, Kommunizieren, Produzieren* und *Präsentieren*. Das Thema Cybermobbing kann im Zusammenhang mit dem Kompetenzbereich *Kommunizieren* behandelt werden. In diesem sollen die Schüler Verantwortungsbewusstsein entwickeln, indem sie Regeln der Kommunikation in den Medien aus ihrer Lebenswelt heraus benennen und diese anwenden (Niveaustufe D). Innerhalb der erweiterten Niveaustufe können die Schüler diese Regeln selbst entwickeln, Kommunikationsmedien sozial verantwortungsbewusst nutzen, unterschiedliche Rollen in medialen Kommunikationsprozessen erproben und eine Feedback-Kultur entwickeln. Im Rahmen des Kompetenzschwerpunkts *Kriterien, Merkmale und Strukturen medialer Kommunikation* kann das Thema durch das Diskutieren von Chancen und Risiken digitaler Kommunikation aufgegriffen werden sowie bei der Entwicklung altersgerechter und lebensweltbezogener Handlungsmöglichkeiten Anwendung finden. [78]

Im Bereich *Produzieren* sollen Schüler lernen, mit Rückmeldungen und Kritik gewissenhaft umzugehen und Anregungen konstruktiv aufzugreifen. [79]

Dies zeigt, dass Medienerziehung und -bildung nicht allein Aufgabe eines einzelnen Fachs wie Ethik oder Deutsch ist, sondern in allen anderen Fächern berücksichtigt werden muss. Damit ist eine fachübergreifende Kompetenzentwicklung der Schüler gewährleistet. Nichtsdestotrotz kann in Fächern wie Deutsch und Ethik die Thematik Cybermobbing viel umfangreicher und expliziter behandelt werden.

Eine langfristige Medienerziehung beinhaltet jedoch eine Aus- und Weiterbildung aller schulischen Akteure: neben Schülern müssen Lehrer, Schulsozialarbeiter und Eltern in regelmäßigen Abständen Workshops, Fortbildungen oder Informationsabende zu Themen rund um die neuen Medien wahrnehmen. Dazu gehören z.B. Fotoportale wie Instagram, Datenspeicherung über Clouding, Twitter-Dienste und deren mögliche Risiken. Selbst auf der schuleigenen Website kann über Neuigkeiten, die aktuelle Gesetzeslage, Fortbildungsangebote oder Hilfsportale informiert werden. [80]

---

brandenburg.de/fileadmin/bbb/unterricht/rahmenlehrplaene/Rahmenlehrplanprojekt/amtliche_Fassung/Teil_B_2015_11_10_WEB.pdf) – letzter Zugriff am 02.03.2020 um 14:19 Uhr

[78] Vgl., ebd., S. 14-16.

[79] Vgl., ebd., S. 19.

[80] Vgl. Katzer, Catarina (2014): a.a.O., S. 181.

Ein besonderes Unterrichtsmanual zur Förderung der Medienkompetenz und Prävention von Cybermobbing ist *Medienhelden*. Es wurde im Mai 2012 veröffentlicht und ist das erste deutsche Präventionsprogramm, das sich speziell gegen Cybermobbing richtet. Im Jahr 2014 ist es von den Autoren Schultze-Krumbholz, Zagorscak, Wölfner und Scheithauer erfolgreich evaluiert worden. Seitdem gibt es eine zweite, aktualisierte Auflage von 2018.[81]

Das Manual ist für Jugendliche im Alter von 12 bis 16 Jahren konzipiert und kann in den Jahrgangsstufen sieben bis zehn eingesetzt werden. Es behandelt die Themenbereiche *Neue Medien und soziale Kompetenzen* sowie *Cybermobbing* und zielt darauf ab, die Jugendlichen zu sensibilisieren, Kompetenzen zu fördern und Cybermobbing vorzubeugen.[82]

Das Programm gliedert sich in einen Theorie- und einen Praxisteil. Im theoretischen Teil wird der aktuelle Forschungsstand vorgestellt, Zusammenhänge und Ziele benannt sowie über die Evaluationsergebnisse berichtet. Der praktische Teil umfasst das *Medienhelden-Curriculum* und den *Medienhelden-Projekttag* mit strukturierten Themenblöcken, die in der Schule und in der Arbeit mit Jugendlichen umgesetzt werden können.[83]

Das *Medienhelden-Curriculum* ist auf eine langfristige Auseinandersetzung angelegt und beinhaltet die systematisch aufeinanderfolgenden Module: *Einführung: Vorteile und Gefahren neuer Medien, Was ist Cybermobbing?, Eine Nachricht – wie schlimm ist das eigentlich?, Wie wirkt mein Verhalten auf andere?, Selbstschutzstrategien in der digitalen Welt, Rechtlicher Hintergrund, Elternabend* und *Abschlussreflexion*.[84]

Besonders positiv hervorzuheben ist, dass durch Rollenspiele Empathie entsteht, Handlungsmöglichkeiten aufgezeigt, rechtliche Konsequenzen kreativ in einem Klassengericht umgesetzt und die Eltern in einem Elternabend nach dem *Student-to-parent-Ansatz*[85] über die wichtigsten Inhalte informiert werden. Hinzuzufügen

---

[81] Vgl. Spiesberger, Henny Isabella (2018): Was können Schulen gegen Cybermobbing tun? Die Effektivität von Interventions- und Präventionsprogrammen. Norderstedt, S. 30.

[82] Vgl. Schultze-Krumbholz, Anja; Zagorscak, Pavle; Roosen-Runge, Anne et al. (2018): Medienhelden. Unterrichtsmanual zur Förderung von Medienkompetenz und Prävention von Cybermobbing. München, S. 7, 21.

[83] Vgl., ebd., S. 7.

[84] Vgl., ebd., S. 46-47.

[85] Schüler bringen den Eltern etwas bei

ist, dass das *Medienhelden-Curriculum* für die Schüler durch den Einsatz verschiedener Medien wie Plakate, Filme und digitale Präsentationen sowie durch unterschiedliche Sozialformen wie Gruppen-, Partner- und Einzelarbeit sehr attraktiv und schülerzentriert gestaltet ist. Seine Wirksamkeit ist von mehreren Analysen bestätigt worden. Demzufolge hat die Ausübung von Cybermobbing-Attacken abgenommen und es konnte eine deutliche Zunahme von Empathie verzeichnet werden. Über einen längeren Zeitraum (6 Monate) konnte eine Steigerung des Selbstwertgefühls bei den Jugendlichen beobachtet werden und im Zusammenhang damit eine offensichtliche Zunahme ihres persönlichen Wohlbefindens. Die Verwendung des Manuals hatte ebenso Auswirkungen auf das traditionelle Mobbingverhalten und verhinderte, dass bislang Nichtmobbende zu Mobbenden wurden und reduzierte es zugleich bei denen, die bereits Täter waren.[86]

Der *Medienhelden-Projekttag* umfasst vier Themenblöcke à 90 Minuten und sollte in Klassengrößen von nicht mehr als 30 Schülern durchgeführt werden. In Vorbereitung auf den Projekttag sollte der erste Themenblock *Unsere Medien – Nutzen und Gefahren* behandelt werden. Darin werden Mediennutzung der Klasse und Gefahren im Netz reflektiert und eine Definition von Cybermobbing aufgestellt. Am Projekttag selbst setzen sich die Schüler mit den Folgen von Cybermobbing durch das Einordnen von Fallbeispielen (Cybermobbing oder nicht?) und dem Kurzfilm *Let's fight it together* auseinander. Im Anschluss daran werden in Gruppenarbeit Unterstützungsmöglichkeiten behandelt, dazu gehören der Datenschutz im Internet, das Darstellen einer Cybermobbing-Situation im Rollenspiel und Blockierungsmöglichkeiten. Im letzten Themenblock werden die Ergebnisse des vorhergehenden präsentiert, konkrete Handlungsalternativen gegen Cybermobbing erarbeitet und der Projekttag in einer Feedback-Runde zusammengefasst.[87]

---

[86] Vgl. Schultze-Krumbholz, Anja; Zagorscak, Pavle; Roosen-Runge, Anne et al. (2018): a.a.O., S. 39-43.

[87] Vgl., ebd., S. 31, 37.

Hinsichtlich der Wirkung konnte nachgewiesen werden, dass eine langfristige Auseinandersetzung mit dem Thema Cybermobbing effektiver ist. Der *Medienhelden-Projekttag* wäre eher dazu geeignet, einen aktuellen Zustand zu erhalten und Verschlechterungen entgegenzuwirken.[88]

Im Folgenden werden in dieser Arbeit drei weitere Präventionsprogramme vorgestellt, die auf eine Reduzierung von Cybermobbing abzielen.

3.3 Präventionsprogramme

Zuerst wird auf die *Themenbezogene Informationsveranstaltung*, abgekürzt *TIV*, der Berliner Polizei eingegangen. In der Literatur wird bestätigt, dass diese Art der Aufklärung und Information durch Polizeibeamte an Schulen wirkungsvoll ist. Deshalb wird nachstehend eine Auswertung des dafür zugrundeliegenden Materials vorgenommen.

Als Zweites wird auf das Trainings- und Präventionsprogramm *Surf-fair* Bezug genommen, das in der Vergangenheit evaluiert wurde und im Vergleich zu anderen Programmen innerhalb eines kurzen Zeitraums von Lehrkräften selbst durchgeführt werden kann.[89]

Das Handbuch *Was tun bei (Cyber)Mobbing – Systemische Intervention und Prävention in der Schule* von der EU-Initiative *Klicksafe* wird an letzter Stelle analysiert. Es kann im Internet kostenfrei heruntergeladen werden und ist für zahlreiche Anwender nutzbar.

3.3.1 Themenbezogene Informationsveranstaltung der Berliner Polizei für Schulen

Die auf dem von der Berliner Polizei erarbeiteten Grundmaterial basierende *Themenbezogene Informationsveranstaltung* ist eine kriminalpräventive, zielgerichtete Veranstaltung im Umfang von zwei Unterrichtsstunden à 45 Minuten für Schüler ab Klassenstufe 5.[90] Dazu heißt es: „Thematisch dient die Veranstaltung dazu, der genannten Zielgruppe aus kriminalpräventiver Sicht über die rechtliche Situation einzelner Formen von Cybermobbing und damit im Zusammenhang stehende

---

[88] Vgl., ebd., S. 43.

[89] Vgl. Peter, Ira-Katharina; Petermann, Franz: a.a.O., S. 37.

[90] Vgl. Der Polizeipräsident von Berlin (Hrsg.) (2019): Rechtliche Aspekte im Themenfeld Cybermobbing. Handlungsleitfaden zur Themenbezogenen Informations-Veranstaltung (TIV Cybermobbing). Berlin, S. 4.

Straftaten aufzuklären."[91] Den Schülern soll vermittelt werden, dass Straftaten im Bereich Cybermobbing konsequent von der Polizei verfolgt werden, weil sie zu schwerwiegenden seelischen und körperlichen Schäden führen können. Es wird ausdrücklich darauf hingewiesen, dass eine verbesserte Wirksamkeit und Nachhaltigkeit nur durch zuvor vermittelte Medienkompetenzen gewährleistet werden kann.[92] Damit ist die Veranstaltung durch die Berliner Polizei eine Ergänzung und Vertiefung bereits vermittelter Unterrichtsinhalte.

Der Einfluss des Elternhauses wird in diesem Konzept berücksichtigt – eine Vor- und Nachbereitung der Veranstaltung in einem Elternabend somit sinnvoll und verstärkt die präventive Wirkung, da Erziehungsberechtigte einen großen Einfluss auf das Medienverhalten der Kinder haben. Alternativ dazu wird die Aushändigung der verschiedenen Materialien und Informationen wie *Schutzfaktoren für Cybermobbing, Kernbotschaften TIV Cybermobbing, Informationen für Kinder und Jugendliche und Beratungsangebote für Kinder, Jugendliche und Eltern* angeboten.[93] Ergänzend dazu kann zur Förderung der Internetkompetenz der Eltern der Film *Surfen. Aber sicher!* gezeigt werden, in dem der Umgang mit gefährlichen Seiten im Internet thematisiert wird.[94] Diese Maßnahmen tragen dazu bei, dass außerhalb der Schule und der Dienststelle eine erfolgversprechende Auseinandersetzung mit dem verantwortungsbewussten Umgang digitaler Medien gelingen kann.

Die *TIV* gliedert sich in die Themenbereiche *Einleitung in die Thematik, Hauptteil, Ergänzender Teil* und *Schlussteil*, die sich an sechs Kernbotschaften orientieren:

1. Straftaten im Bereich Cybermobbing werden von der Polizei konsequent verfolgt!
2. Cybermobbing kann zu schweren seelischen und körperlichen Schäden bei allen Beteiligten führen!
3. Hole dir Hilfe bei Cybermobbing und unterstütze die Opfer!
4. Sichere Beweise, wenn du Opfer von Cybermobbing wirst, z.B. durch Screenshots und Speichern der Daten!

---

[91] Ebd.

[92] Vgl., ebd., S. 4-5.

[93] Vgl., ebd., S. 5.

[94] Vgl. Programm Polizeiliche Kriminalprävention der Länder und des Bundes (Hrsg.) (2012): Surfen. Aber sicher! Wertvolle Tipps im Umgang mit gefährlichen Seiten im Internet. Ein Film mit Rudi Cerne für Eltern. Stuttgart.

5. Schütze deine persönlichen Daten im Netz vor unbefugtem Gebrauch!

6. Ich kenne hilfreiche Internetseiten und Beratungsstellen zum Thema Cybermobbing! [95]

Zu Beginn der Veranstaltung erläutert die durchführende Dienstkraft den Anlass, das Ziel der *TIV* und organisatorische Abläufe. Hierfür wird eine PowerPoint-Präsentation genutzt, die den Verlauf schematisch darstellt.[96]

Danach beantworten die Schüler in einer offenen Gesprächsrunde mit der Thematik zusammenhängende Fragen wie: Was ist Cybermobbing? Welche Formen oder Beispiele von Cybermobbing kennt ihr? Die Informationen werden dann an der Tafel gesichert. Dafür wird im Grundlagenmaterial auf verschiedene Definitionen, u.a. von *Klicksafe,* Obermaier und Patchin (2006), Marées und Petermann (2013) und dem Familienministerium für Familie, Senioren, Frauen und Jugend, hingewiesen.[97]

Dass das Internet kein rechtsfreier Raum ist und einzelne Formen von Cybermobbing strafbar und Gegenstand zivilrechtlicher Ansprüche sein können, wird ausdrücklich betont. Dazu wird auf §19 StGB und §823 BGB (siehe Kapitel 2.2.5) und damit zusammenhängende Maßnahmen der Polizei wie Durchsuchung des Kinderzimmers, Beschlagnahme bei der Tat genutzter Gegenstände zur Beweissicherung (Smartphone, Tablet, PC), Zeugenvernehmung sowie Vorladung zur Dienststelle nachdrücklich hingewiesen, über relevante Straftatbestände informiert und außerdem auf mögliche seelische und körperliche Schädigungen durch Cybermobbing eingegangen. In einer daran anschließenden Gesprächsrunde haben die Schüler die Möglichkeit, über ihnen bekannte Straftaten zu sprechen. Die Dienstkraft kann sich danach frei entscheiden, ob sie diese mit der PowerPoint-Präsentation oder durch das Abspielen eines Films verdeutlichen möchte.[98]

In der Präsentation werden Fallbeispiele, Auszüge aus dem Gesetzestext und Strafen für Schüler anhand der Straftatbestände §185 StGB Beleidigung, §186 StGB Üble Nachrede, §187 StGB Verleumdung, §238 StGB Nachstellung, §240 StGB Nötigung, §241 StGB Bedrohung, §201 StGB Verletzung der Vertraulichkeit des Wortes, §22, 23 in Verbindung mit §33 KunstUrhG Verletzung des Rechts am eigenen Bild,

---

[95] Der Polizeipräsident von Berlin (Hrsg.) (2019): a.a.O., S. 36.

[96] Vgl., ebd., S. 9.

[97] Vgl., ebd., S. 10-11.

[98] Vgl., ebd., S. 12-13, 23-25.

§201a StGB Verletzung des höchstpersönlichen Lebensbereichs durch Bildaufnahmen und §131 StGB Gewaltdarstellung vorgestellt. Welche Straftatbestände schwerpunktmäßig behandelt werden, kann frei entschieden werden.[99]

Anstelle der Präsentation kann der Film *Verklickt!* von 2013, der für die Jahrgangsstufen sieben bis neun vorgesehen ist, genutzt werden, weil darin auf die Themen Cybermobbing, Passwortsicherheit, Passwort-Sharing und Verhalten in den sozialen Netzwerken eingegangen wird. Im Anschluss daran müssen die Schüler zentrale Fragen beantworten: Wer ist Opfer? Wer ist Täter? Welche Straftaten sind begangen worden?[100]

Zur Förderung der Empathie und Perspektivübernahme werden danach Fragen zu den Auswirkungen von Cybermobbing gestellt: Welche Folgen könnt ihr euch vorstellen? Wie würdet ihr euch fühlen, wenn man mit euch so umginge? Wie würdest du dich in dieser Situation fühlen? Die Antworten der Schüler zu Gefühlen, physischen und psychischen Beeinträchtigungen und Schädigungen werden an der Tafel festgehalten. Dazu wird zur Veranschaulichung in der PowerPoint-Präsentation eine Statistik der Techniker Krankenkasse zum Thema Cybermobbing von 2011 gezeigt, die visualisiert, wie stark Cybermobbing Opfer belastet.[101]

Im ergänzenden Teil der Veranstaltung werden wertvolle Handlungsstrategien vermittelt und erklärt, wie man persönliche Daten im Netz schützen kann. In einer Gesprächsrunde werden mögliche Ansprechpartner (Lehrer, Freunde, Eltern, Polizei) und konkrete Verhaltensweisen im Umgang mit Cybertätern (Nichteingehen auf Nachrichten, keine Antworten senden, auf keinen Streit einlassen) und Opfern (unterstützen, Ansprechpartner finden) benannt. Außerdem wird den Schülern gezeigt, wie sie in sozialen Netzwerken, Chats oder Foren Nutzer blockieren oder sperren können. Im Anschluss werden Möglichkeiten der Beweissicherung wie Screenshots, SMS, Chatverläufe oder Aufnahmen, die für eine strafrechtliche Verfolgung durch die Polizei notwendig sind, besprochen. Weiterhin wird auf den Schutz personenbezogener Daten wie Alter, Wohnort, Handynummer oder Passwort hingewiesen.[102]

---

99 Vgl., ebd., S. 14-22.

100 Vgl. Programm Polizeiliche Kriminalprävention der Länder und des Bundes (Hrsg.) (2013): Verklickt! Begleitheft zum Film für Schülerinnen und Schüler ab Jahrgangsstufe 7. In Kooperation mit dem Bundesamt für Sicherheit und Informationstechnik. Stuttgart, S. 13.

101 Vgl., Der Polizeipräsident von Berlin (Hrsg.) (2019): a.a.O., S. 26-28.

102 Vgl., ebd., S. 28-31.

Abschließend werden hilfreiche Internetseiten (z.B. *www.internet-abc.de*, *www.klicksafe.de*, *www.surfen-ohne-risiko.net*,) und wichtige Beratungsangebote (z.B. *www.juuuport.de*, *www.nummergegenkummer.de*, *www.mobbing-schluss-damit.de*) für Kinder, Jugendliche und Eltern von der Dienstkraft vorgestellt, die sechs Kernbotschaften von den Schülern wiederholt und an der Tafel visualisiert. Schließlich reflektieren sie die Veranstaltung, indem sie ihr neu erworbenes Wissen benennen, neue Informationen vom bereits Erlernten abgrenzen und weitere Fragen stellen.[103]

Zusätzlich kann die *TIV* durch den Film *Chatten & surfen. Aber sicher!* (2014), in dem Bastian Schweinsteiger und Rudi Cerne wertvolle Tipps für sicheres Chatten und Surfen geben, ergänzt werden.[104]

Lehrer können zudem das Material der Sammelmappe *Klicks-Momente* (2014), *Hallo-Kids wissen mehr, Online unterwegs* (2015) und die spezielle Handreichung für Lehrkräfte *Im Netz der neuen Medien* (2008) für die Vor- und Nachbereitung nutzen.

Die einzelnen Faltblätter der Sammelmappe *Klicks-Momente* informieren Jugendliche und Lehrkräfte über verbotene Inhalte und Betrug im Internet, soziale Netzwerke, Identitätsdiebstahl und Pishing, Schadsoftware und Botnetze, Smartphone und Tablet-PC sowie über Persönlichkeits- und Urheberrechte. Jedes Faltblatt geht kurz auf die Problematik des Themas ein, gibt wichtige Tipps für den Umgang und Linkempfehlungen für die intensive Auseinandersetzung mit einem spezifischen Themengebiet.[105]

Das Präventionsheft *Hallo-Kids wissen mehr, Online unterwegs* (2015) für Kinder beinhaltet umfangreiche Informationen zu Medienkompetenzen und Mediensicherheit, u.a. zu den Themen *Passwortsicherheit, Sicheres Surfen und Chatten* sowie *Gefahren im Internet*. Das neuerworbene Wissen wird am Ende spielerisch mit

---

[103] Vgl., ebd., S. 31-36.
[104] Vgl. Vgl. Programm Polizeiliche Kriminalprävention der Länder und des Bundes (Hrsg.) (2012): a.a.O.
[105] Vgl., ebd.

Tests und Rätseln überprüft.[106] Im Juni 2020 erscheint ein neues Heft zum Thema *Clever im Netz*.[107]

Die Handreichung für Lehrkräfte *Im Netz der neuen Medien* (2008) dient der Einführung in das Thema *Gefahren im Internet* und beinhaltet Basisinformationen, Präventionstipps und rechtliche Hinweise zum Umgang mit jugendgefährdenden Inhalten im Internet, auf Schülerhandys und in Computerspielen.[108]

Die *TIV* selbst dient der Vertiefung und Ergänzung bereits vermittelter Kompetenzen. Eine entsprechende Vor- und Nachbereitung sichert die Wirksamkeit und Nachhaltigkeit des Erlernten. Damit ist der Nutzen der Veranstaltung stark abhängig von der Vor- und Nacharbeit der Lehrkräfte. Hierfür können die angeführten, vielfältigen und zahlreichen Materialien der Berliner Polizei genutzt werden. Eine Erweiterung dieser ist mit vorbereiteten Quiz-Fragen, Multiple-Choice-Tests oder anderen Aufgabenstellungen und -formaten denkbar. So kann die Nachbereitung im darauffolgenden Unterricht direkt beeinflusst werden. Daraus ergibt sich nicht nur eine Entlastung der Lehrkraft, sondern vielmehr eine zusätzliche Sicherung in Bezug auf die Wirksamkeit und Nachhaltigkeit der Veranstaltung.

Die *TIV* ist für Schüler ab Klassenstufe fünf geeignet, damit ist eine Teilnahme in der Sekundarstufe I, bspw. in Klasse sieben oder acht, möglich. Überdies gibt es in Berlin auch Gymnasien ab Klassenstufe fünf. Im Bezirk Berlin-Lichtenberg, wo die Veranstaltung der Polizei hauptsächlich stattfindet, gehören das Johann-Gottfried-Herder-Gymnasium, das Barnim-Gymnasium und das Immanuel-Kant-Gymnasium dazu.[109]

---

106 Vgl. Programm Polizeiliche Kriminalprävention der Länder und des Bundes (Hrsg.) (2015): Hallo-Kids wissen mehr. Online unterwegs. Stuttgart, S. 2.

107 Vgl. Hallo – Vorschau für das Schuljahr 2019/2020 (https://www.sparkassen-schulservice.de/grundschule/Hallo/Bilder_Hallo/Hallo-Themenvorschau_2019-2020_final.pdf) – letzter Zugriff am 26.03.2020 um 15:17 Uhr

108 Vgl. Programm Polizeiliche Kriminalprävention der Länder und des Bundes (Hrsg.) (2008): Im Netz der neuen Medien. Internet, Handy und Computerspiele – Chancen und Risiken für Kinder und Jugendliche. Stuttgart, S. 5.

109 Vgl. Senatsverwaltung für Bildung, Jugend und Familie: Berliner Schulen. Gymnasien ab Klasse 5. (https://www.berlin.de/sen/bildung/schule/berliner-schulen/schulverzeichnis/SchulListe.aspx?IDKategorie=45&IDAngebot=336&Sort=BSN&TextID=35) – letzter Zugriff am 16.03.2020 um 13:08 Uhr

Es ist positiv, dass im zitierten Grundlagenmaterial das Elternhaus einbezogen wird. Verschiedene Broschüren und Filme, bspw. innerhalb eines Elternabends, können die Erziehungsberechtigten über das Themengebiet Cybermobbing aufklären und Wissen zur Internetnutzung vermitteln.

Signifikant für die *TIV* sind die sechs, bereits benannten zentralen Kernbotschaften, die den Schülern vermittelt werden. Damit beschränkt sich die Veranstaltung auf direkt ausgewählte Inhalte und gleichzeitig ist ein „roter Faden" erkennbar. Der Aufbau ist strukturiert und in sich schlüssig. Die Inhalte werden anschaulich mithilfe einer PowerPoint-Präsentation oder unterschiedlicher Filme gestaltet – damit ist auch ein Bezug zum Thema *Medien* gegeben. In der Veranstaltung wird außerdem an bereits erworbenes Wissen angeknüpft und neue Erkenntnisse an der Tafel gesichert. Die Fallbeispiele sind schülernah und für Schüler ab Klassenstufe fünf nachvollziehbar. Innerhalb des Hauptteils wird die Fähigkeit zur Perspektivübernahme und zu Empathie und Mitgefühl unter dem Punkt *Psychische und physische Verletzungen* gefördert. Besonders zu den Teilbereichen *Straftatbestände* und *Strafrechtliche Folgen* für Cybertäter wird grundlegendes Wissen vermittelt. Die Polizeibeamten berichten von realen, persönlichen Fällen und Ereignissen und wecken nicht nur Interesse und Neugier der Schüler, sondern erreichen damit auch eine Sensibilisierung. Wichtig ist darüber hinaus, dass Schüler über konkrete Ansprechpartner, Hilfestellen und Unterstützungsangebote sowie Möglichkeiten der Beweissicherung informiert werden. Die Reflexion der Veranstaltung durch die Schüler zeigt zudem, welche Inhalte besonders in Erinnerung geblieben sind und welche Fakten neu waren.

Hervorzuheben ist, dass das Konzept der *TIV* im September 2019 herausgegeben wurde und damit ein hohes Maß an Aktualität besitzt. Auch die verwendeten Beispiele sind sehr aktuell – im Gegensatz zum Polizeimaterial für Schüler und Lehrer. Die Handreichung für Lehrkräfte *Im Netz der neuen Medien* von 2008 ist leider stark veraltet. Die in der Präsentation vorgestellte Statistik der Techniker Krankenkasse von 2011 sollte ebenfalls aktualisiert werden. Optional könnten hier die Ergebnisse der Studie *Bündnis gegen Cybermobbing* von 2017 zu den Auswirkungen von Cybermobbing (siehe S. 15) inkludiert werden. In den Informationspapieren für Schüler und Lehrkräfte müssen der Forschungsstand, Vorfälle und Strafmaßnahmen aktuell sein. Die Materialien sind daher in regelmäßigen Abständen zu überarbeiten.

Die Veranstaltung basiert auf dem gegenseitigen Austausch zwischen Schülern und Dienstkraft, ist aber frontal ausgerichtet. Obwohl sie zeitlich begrenzt ist, sollten weitere Sozialformen wie Partner- oder Gruppenarbeit und Methoden hinzukommen. Zur Einführung wäre die Methode *Geschichten-Erzähler* geeignet, in der ein realer Fall geschildert wird, der auf die Thematik hinführt. Nach Abspielen des Films *Verklickt!* könnten sich die Schüler durch die Methode *Satzanfänge*[110] in Partnerarbeit über mögliche Straftatbestände klar werden und die Rollenverteilung überdenken. Bei der Reflexion sind weitere Methoden wie *Lückentext, Multiple-Choice-Test* oder *Spickzettel* anwendbar.

3.3.2 Trainings- und Präventionsprojekt *Surf-fair*

Das Präventionsprogramm *Surf-fair* richtet sich neben *Medienhelden* primär an Lehrkräfte und Schulklassen von der fünften bis zur siebenten Jahrgangsstufe, kann in abgewandelter Form aber auch in früheren und späteren Klassen genutzt werden. Damit ist die Möglichkeit gegeben, es in der Sekundarstufe I anzuwenden und im Fachunterricht, innerhalb von Projekttagen und -wochen sowie in Arbeitsgemeinschaften, einzusetzen. Eine alternative Möglichkeit ist das Einbeziehen von Schulsozialpädagogen, Schulpsychologen und anderen haupt- und ehrenamtlichen Fachkräften der Jugendhilfe.[111] Damit ist das Programm sehr vielfältig.

Das Besondere ist, dass es nicht nur als Ganzes oder in Teilen als Ergänzung einzelner Schulstunden, sondern auch für ganze Projektwochen mit Schwerpunkt auf verschiedene Ziel- und Altersgruppen genutzt werden kann.[112] Es geht vorrangig darum, Schülern „die Probleme und Folgen von Cybermobbing altersgerecht zu verdeutlichen und aus ihrer Lebenswirklichkeit heraus Lösungsansätze zu entwickeln"[113].

Im ersten Teil des Programms wird auf Theorie und Forschung zum Thema Cybermobbing eingegangen, nützlich für den Einstieg in die Problematik. Leider ist die erste Auflage bisher nicht überarbeitet und/oder erweitert worden. Es ist davon auszugehen, dass der Forschungsstand von vor acht Jahren veraltet ist und neue Zahlen und Erkenntnisse vorliegen.

---

[110] Bei dieser Methode teilt der Lehrer, in diesem Fall wäre es die Dienstkraft, Karten mit unterschiedlichen Satzanfängen aus. Die Schüler sollen die Sätze zu Ende formulieren, woraufhin die Karten eingesammelt und bspw. an einer Wandzeitung präsentiert werden. (Vgl. Thömmes, Arthur (2005), S. 98.)

[111] Vgl. Pieschl, Stephanie; Porsch, Torsten (2012): a.a.O., S. 11.

[112] Vgl., ebd., S. 50.

[113] Ebd.

Im zweiten Teil wird das Präventionsprogramm selbst vorgestellt. Es ist in drei Bereiche *Einstieg*, *Schwerpunkt* und *Abschluss* unterteilt. Im *Einstieg* können die Lehrkräfte die kreativen und auf Austausch basierten Übungen *Onlinechaos*, *Meine Medienwelt* und *Autogrammstunde* mit den Schülern durchführen und sie damit auf das Thema vorbereiten.[114]

Im *Schwerpunkt* können verschiedene Übungen zu unterschiedlichen Themen durchgeführt werden, die von der Lehrkraft auszuwählen sind. Im Mittelpunkt steht der Film *Cybermobbing gegen Max*, der ein fiktives Fallbeispiel darstellt und auf dem fast alle anderen Übungen aufbauen. Schwerpunktmäßig kann dann eine praxisbezogene Auseinandersetzung mit sozialen Rollen, Opfern, Zuschauern und Tätern erfolgen. Im *Abschluss* sollen die Schüler das Training mithilfe didaktischer Methoden (*Blitzlichtrunde*, *Klassenvertrag*, *Pinnwandgezwitscher*) reflektieren und die sich daraus ergebenden Erfahrungen für die Zukunft festhalten.[115]

Der Aufbau der einzelnen Übungen ähnelt Methodikhandbüchern für Lehrkräfte. Es gibt Hinweise zur Zielsetzung, zum Aufwand, zu Voraussetzungen, zu Materialien, zur Vorbereitung und zum Ablauf. Am Ende jeder Übung stehen Vorschläge für Diskussionen in Form von Leitfragen. Dabei werden sehr wichtige Ziele verfolgt: Perspektivübernahme, Empathiegewinnung, Wahrnehmung und Deutung von Gefühlen, Wirkung von Cybermobbing, Schutz der Identität im Internet, Entwicklung konkreter Handlungsstrategien, Funktion und Verantwortung von Zuschauern sowie soziale Regeln der digitalen Kommunikation.[116]

Das didaktisch sehr gut aufbereitete Konzept setzt eine hohe Schüleraktivität voraus, die durch die Lehrkraft mithilfe der Arbeitsmaterialien gelenkt und begleitet wird. Es ist ein Programm, das sich mit der Vermittlung kritischer Medienkompetenzen ausschließlich auf Cybermobbing konzentriert und das traditionelle Mobbing nicht einschließt, auch wenn im medienspezifischen Teil Cybermobbing dem traditionellen Mobbing gegenübergestellt wird.[117]

Laut Peter und Petermann gibt es in den Studien von Pieschl und Urbasik (2013) sowie Pieschl, Kourteva und Stauf (2017) zur Wirksamkeit des Trainings- und Präventionsprojekts *Surf-fair* noch einige Schwachstellen. Trotz Einsatz des

---

114 Vgl., ebd., S. 50-57.
115 Vgl., ebd., S. 50-51.
116 Vgl., ebd., S. 53-89.
117 Vgl., ebd., S. 12.

Programms fehlt es an Bewältigungsstrategien für Kinder und Jugendliche sowie an einer signifikanten Reduktion von Cybermobbing. Da bisher keine großangelegten Wirksamkeitsstudien vorgenommen worden sind, ist die Wirkung noch nicht hinreichend wissenschaftlich belegt. Andererseits ist *Surf-fair* ökonomisch und einfach in den Schulalltag zu integrieren, die aufschlussreiche Beschreibung der einzelnen Bestandteile gewährleistet eine problemlose Durchführung seitens der Lehrkräfte. Außerdem weist das Programm eine hohe Akzeptanz von Seiten der Schüler auf, die es in der Vergangenheit als interessant und lehrreich bewerteten. Auch eine leichte, positive Tendenz in der Reduktion von Cybermobbing lässt sich erkennen. Eine Optimierung wäre erstrebenswert.[118]

3.3.3 Themenmodul Was tun bei (Cyber)Mobbing?

Die Verwendung des Trainingshandbuchs *Was tun bei (Cyber)Mobbing? Systemische Prävention und Intervention* ist eine weitere Möglichkeit der präventiven Arbeit mit Jugendlichen in der Sekundarstufe I. Es wurde gemeinsam von der EU-Initiative *Klicksafe* und dem Mehr-Ebenen-Programm *Konflikt-KULTUR* entwickelt und steht auf der Internetseite von *Klicksaf*e (*www.klicksafe.de*) kostenlos und frei verfügbar zum Download bereit. *Surf-fair* und *Medienhelden* sind evaluierte Präventionsprogramme, für das Konzept *Was tun bei (Cyber)Mobbing?* liegt noch keine Wirksamkeitsstudie vor.[119]

Das Programm ist so angelegt, dass nicht nur präventives, sondern auch intervenierendes Handeln seitens der Lehrkräfte durch die *Systemische Mobbing-Intervention* möglich ist, auf das im Kapitel (4.2) näher eingegangen wird.

Im Konzept sind alle notwendigen Komponenten im Zusammenhang mit Cybermobbing für Lehrkräfte aufbereitet. Zu Beginn werden die voneinander abzugrenzenden Schlüsselbegriffe Mobbing und Cybermobbing, Bullying, Cyber-Attacke, Opfer und Täter, Demokratiepädagogik und Werte- und Normenrahmen definiert. Danach wird grundlegendes Wissen zur Dynamik von Mobbing und zu den Charakteristika des Cybermobbings vermittelt. Aufbauend darauf werden vier Praxisbeispiele und das systemische Konfliktmanagement vorgestellt. Es folgen die zwei Interventionsmethoden *Systemische Mobbing-Intervention* (*SMI*) und *Systemische Kurzintervention* (*SKI*), auf die in Kapitel 4.2 und 4.3 eingegangen wird. Im letzten

---

[118] Vgl. Peter, Ira-Katharina; Petermann, Franz: a.a.O., 138-139.
[119] Vgl., ebd., S. 143.

Abschnitt wird das für die Pädagogik notwendige Fundament, das aus dem Mut zur Führung, Souveränität, Bedürfnis-, Wert- und Normenorientierung, emotionaler Empathie, Fähigkeit zur Selbststeuerung sowie Methoden der Motivations- und Beziehungskultur besteht, thematisiert. Die Präventionsarbeit für Gruppen oder Klassen ist im letzten Kapitel *Praxisprojekte* zu finden.[120]

Insgesamt können zehn verschiedene Projekte mit den Schülern umgesetzt werden. Jedes ist so aufgebaut, dass Kompetenzerwerb, zeitlicher Umfang, Methoden sowie strukturierter Aufbau einer didaktisch fundierten Unterrichtsstunde (Einstieg, Erarbeitung, Sicherung) gegeben sind.[121]

Im ersten Projekt sollen die Schüler in Gruppenarbeit mithilfe verschiedener Videos Mobbing-Situationen erkennen und analysieren. Hierfür werden auf vier Arbeitsblättern Leitfragen und Tipps von den Schülern formuliert, die sie am Ende in einer Präsentationsrunde vorstellen.[122]

Das zweite Projekt verfolgt das Ziel, dass die Schüler Rollen und Dynamiken beim Cybermobbing erkennen. Dazu müssen sie einen Spot analysieren, aus welchem sie Opfer, Täter und Außenstehende identifizieren und anschließend neue Handlungsmöglichkeiten diskutieren müssen. Ein dafür erstelltes Arbeitsblatt soll den Schülern bei der Aufgabe als Hilfestellung dienen.[123]

Die Schüler sollen im dritten Projekt die verschiedenen Formen von Cybermobbing *Gerüchte verbreiten, Ausgrenzung, Beleidigung, Belästigung, Auftreten unter falscher Identität, Veröffentlichung privater Dinge, Betrug* und *Bedrohung* erkennen und einordnen. Mithilfe eines Puzzles werden zuerst die einzelnen Begriffe ihren Definitionen zugeordnet, woraufhin in einem Galeriegang exemplarisches Material von Whatsapp, Snapchat und Co. zu den Formen von Cybermobbing sortiert wird.[124]

Die Folgen für die Opfer von Cybermobbing werden innerhalb des vierten Projekts erörtert. Dabei untersuchen die Schüler anhand eines fiktiven Fallbeispiels mögliche physische, psychische und soziale Folgen für Betroffene. Zu Beginn werden in einem Video seelische Verletzungen bildlich dargestellt. Auf der Grundlage eines

---

[120] Vgl. Hilt, Franz; Grüner, Thomas; Schmidt, Jürgen et al. (2018): Was tun bei (Cyber)Mobbing? Systemische Intervention und Prävention in der Schule. Herausgegeben von Klicksafe. Ludwigshafen, S. 9-13.

[121] Vgl., ebd., S. 192-196.

[122] Vgl., ebd.

[123] Vgl., ebd., S. 197-198.

[124] Vgl., ebd., S. 199-207.

Textes, in dem die persönliche Situation einer Schülerin formuliert ist, werden die Auswirkungen für das Opfer gezeigt und anschließend in einem Diskurs erste Maßnahmen der Hilfe debattiert.[125]

Sehr umfangreich ist das fünfte Projekt, in dem sich die Schüler über die aktuelle Rechtslage in Deutschland anhand von Fallbeispielen informieren. Mit den Methoden Partnerinterview und Fallanalyse werden die wichtigsten Informationen zu den Gesetzestexten zusammengefasst und anschließend mit möglichen Straftatbeständen vorgefertigte Beurteilungsbögen bearbeitet.[126]

Im Fokus des sechsten Projekts stehen die Menschenrechte und die wichtigsten Gesetze in Deutschland. Sie sind aufwendig und in sehr übersichtlichen Informationspapieren aufbereitet worden. Die Schüler lernen Grundgesetz und Menschenrechte mithilfe fiktiver Situationen zu bewerten und dabei eigene Gefühle in Worte zu fassen.[127]

Löschen, Blockieren und Melden schließt sich als siebentes Projekt an. Die Schüler lernen Melde-, Blockier- und Löschmöglichkeiten in Online-Diensten und sozialen Netzwerken durch Stationsarbeit kennen und nutzen diese. Ergänzend dazu wird in der Sicherungsphase die App *Erste-Hilfe bei Cybermobbing* (siehe Kapitel 4.4) von der Lehrkraft vorgestellt.[128]

In den Projekten acht, neun und zehn sind die Themen *Digitale Selbstbehauptung und Zivilcourage im Netz*, *Vermeidung von Verletzungen in Whatsapp-Gruppen* sowie nochmals *Menschenrechte* verankert. Die Schüler können z.B. Techniken der gewaltfreien Selbstbehauptung im Netz sowie Zivilcourage anhand von Fallbeispielen erlernen und anwenden. Anschließend können sie ihr Verhalten auf Whatsapp überdenken und Regularien diskutieren und festlegen. Hierbei wird erneut Bezug auf das Strafrecht genommen und gemeinsame Regeln für den Klassenchat aufgestellt. Letztendlich lernen die Schüler durch das demokratische Wählen von vier Menschenrechtsbeobachtern, Menschenrechtsverletzungen wahrzunehmen und zu erkennen.[129]

---

[125] Vgl., ebd., S. 208-210.

[126] Vgl., ebd., S. 211-219.

[127] Vgl., ebd., S. 220-225.

[128] Vgl., ebd., S. 226-229.

[129] Vgl., ebd., S. 230-242.

Die einzelnen Praxisprojekte sind systematisch aufeinander aufgebaut. Insgesamt wird ein zeitlicher Umfang von 20 Unterrichtsstunden à 45 Minuten empfohlen. Im Unterrichtsalltag ist eine Sequenz in dieser Länge schwierig umzusetzen. Es besteht aber die Möglichkeit, innerhalb einer Projektwoche von fünf Tagen à vier Stunden, den gesamten Umfang zu realisieren. Problematisch ist es, dass die einzelnen Projekte aufeinander aufbauen und deshalb nicht isoliert voneinander durchgeführt werden können. So ist bspw. das fünfte Projekt *Recht und Gesetz* grundlegend für die Projekte sechs und neun. Daher müssen die Lehrkräfte bei der Bearbeitung eines einzelnen Projekts im Rückgriff eine Verbindung zu den vorhergehenden schaffen. In Abhängigkeit von den Ausgangsvoraussetzungen der Schüler und den Lernbedingungen kann die Lehrkraft aber auch bewusst Schwerpunkte setzen.

Das didaktische Material bietet neben den zahlreichen Arbeitsblättern, Videos, Bildern und Fallbeispielen zusätzliche Gadgets. Bei der Planung werden zudem Alternativen im Ablauf berücksichtigt, wenn bspw. nur noch wenig Zeit zur Verfügung steht oder keine Verbindung mit dem Internet möglich ist.

Ein großer Pluspunkt sind Zusatzaufgaben und Hausaufgaben, die es ermöglichen, den Stoff ausreichend zu sichern und über die Grundlagen hinaus zu arbeiten, was beispielsweise für die Gymnasien relevant ist. Damit bietet das Konzept Differenzierungsmöglichkeiten, sodass Schüler jeder Schulstufe und mit unterschiedlichsten Voraussetzungen erreicht werden können.

Hervorzuheben ist, dass sich in jeder Verlaufsplanung ein *Tipp-Kasten* befindet, der nochmals Anregungen und Hilfestellungen gibt sowie Bezüge zu bereits behandeltem Stoff herstellt.

Das kostenlose und damit für jeden verfügbare Modul *Was tun bei (Cyber)Mobbing?* von *Klicksafe* kann in der Sekundarstufe I in verschiedenen Schulformen eingesetzt werden. Es ist variantenreich, schülerzentriert, ziel- und zweckgerichtet und didaktisch gut aufbereitet. Der Aufbau der Projekte ist leicht nachvollziehbar, jedes einzelne bietet reichlich Material für die Bearbeitung der verschiedenen Themen.

Die Wirksamkeit des Präventionsprogramms von *Klicksafe* ist bislang nicht erforscht. Da jedoch in der Evaluation zu *Medienhelden* nachgewiesen werden konnte, dass besonders eine langanhaltende Auseinandersetzung mit dem Thema Cybermobbing nachhaltig ist, kann davon ausgegangen werden, dass das Programm die erwartete Wirkung erzielen würde.

4 Interventionsmaßnahmen

Nicht immer kann Cybermobbing durch Prävention verhindert werden. Darum ist es wichtig, durch Interventionsmaßnahmen in der Schule das weitere Vorgehen bewusst zu steuern. Die Unterstützung und Hilfe der Cyberopfer muss gewährleistet sein, aber auch die Arbeit mit den Cybertätern ist zwingend erforderlich.

Im Folgenden werde vier verschiedene Interventionsmaßnahmen vorgestellt, die in der Sekundarstufe I angewandt werden können.

4.1 Mediation

Das Verfahren der Mediation dient der Klärung und Bereinigung von Konflikten und bedeutet wörtlich „Vermittlung". Dabei unterstützt ein objektiver, nicht in den Konflikt involvierter Mediator die Parteien bei der Lösungsfindung.[130]

Mithilfe eines allparteilichen, neutralen und verständnisvollen Mediators zielt das Mediationsverfahren auf praktikable Entscheidungen und Ergebnisse und eine von allen akzeptierte Lösung ab. Voraussetzung dafür ist die Bereitschaft und aktive Beteiligung der Parteien, die von Dritten durch Aufzeigen der negativen Konsequenzen bei einer Nichteinigung gefördert werden kann. Die Inhalte des Mediationsverfahrens sind streng vertraulich, der Mediator ist an seine Schweigepflicht gebunden. Über die eventuelle Weitergabe der Informationen entscheiden die Konfliktparteien selbst.[131]

So gelingt es mit dem *Phasenmodell* sich innerhalb der Konfliktbearbeitung zu orientieren und Fehler beim Ablauf im Mediationsverfahren zu vermeiden, da es zwischen den Phasen *Vorbereitung, Rahmenphase, Strukturierung, Interessenphase, Lösungsphase, Abschlussphase* und *Nachbereitung* unterscheidet. In der *Vorbereitungsphase* lernen sich die Beteiligten untereinander kennen, das Gespräch findet mit jedem Konfliktpartner separat statt. Es wird eine Basis für eine vertrauensvolle Zusammenarbeit geschaffen, indem Fragen zum Vorgehen und zum Arbeitsstil des Mediators gestellt werden können. Insgesamt wird ein Überblick über die Problemlage hergestellt. Beteiligte am Konflikt werden benannt und der Mediator schätzt die Bereitschaft zur Konfliktlösung ein.[132]

---

130 Vgl. Proksch, Stephan (2018): Mediation. Die Kunst der professionellen Konfliktlösung. Wiesbaden, S. 2.

131 Vgl., ebd.

132 Vgl., ebd., S. 7-9.

Unter Anwesenheit aller Konfliktparteien erfolgt die *Rahmenphase*. Hier werden Erwartungen, Bedingungen und das Ziel definiert und erarbeitet. Es können auch Gesprächsregeln festgelegt werden, die sich bei der Suche nach einer Konfliktlösung als hilfreich erweisen können.[133]

Bei der *Strukturierungsphase* werden unterschiedliche Streitthemen gemeinsam ausgewählt und festgelegt. Damit kann ein erster Schritt in Richtung Kooperation gelingen und die Komplexität des Konfliktgeschehens auf ein zu bewältigendes Maß reduziert werden.[134]

Der Kern der Mediation ist die *Interessenphase*. Hierbei beginnt man mit der Bearbeitung eines Themas, das zuvor in der *Strukturierungsphase* festgelegt wurde. Die Konfliktparteien haben die Möglichkeit, ihre Sicht auf das Problem zu beschreiben und ihre unterschiedlichen Interessen, Bedürfnisse und Meinungen deutlich zu machen. Recht und Unrecht sollen in diesem Zusammenhang nicht bedeutsam sein, sondern das Schaffen einer Grundlage, auf der nach einer erfolgversprechenden Lösung gesucht werden kann. Bei respektlosem oder übergriffigem Verhalten im Gespräch ist der Mediator angehalten einzugreifen und zu unterbrechen.[135]

Nach dem Austausch der Konfliktparteien beginnt die *Lösungsphase*. Durch ein Brainstorming können die Streitenden Vorschläge und Gedanken formulieren, die vom Mediator festgehalten werden. Anschließend werden die einzelnen Lösungen bewertet. Am Ende werden diese diskutiert und ergänzt. Der Mediator nimmt eine kritische Haltung ein und hinterfragt die Realisierbarkeit und Praxistauglichkeit. Der Phase immanent ist, dass am Ende eine für alle Konfliktparteien akzeptable Lösung gefunden wird.[136]

In der *Abschlussphase* werden Details der gefundenen Lösungen besprochen. Das Ergebnis wird schriftlich festgehalten. Anschließend beendet der Mediator das Verfahren, indem er ein Resümee zieht und sich für die Kooperation der Beteiligten bedankt. Die während der Mediation erstellten Protokolle oder Flipcharts werden in der Phase der *Nachbereitung* an die Teilnehmer versendet und, je nach Vereinbarung, an weitere Instanzen weitergeleitet.[137]

---

133 Vgl., ebd., S. 9.

134 Vgl., ebd., S. 10.

135 Vgl., ebd., S. 11.

136 Vgl., ebd., S. 12-13.

137 Vgl., ebd.

Im schulischen Alltag ist die Mediation in Form von *Streitschlichtung* nicht mehr wegzudenken. Besonders in der Sekundarstufe I ist sie ein bewährtes Mittel, um Konflikte zu lösen. Dabei verfolgen viele Schulen das Ziel, Schul- und Klassenklima zu verbessern, Lehrkräfte von Alltagskonflikten zu entlasten und die sozialen Kompetenzen der Schüler zu stärken. Das Ausbilden von Schulmediatoren ist dabei fundamental und unerlässlich. Geeignete Schüler werden von Lehrkräften, Sozialpädagogen oder Erziehern über einen längeren Zeitraum geschult und als qualifizierte Streitschlichter oder Konfliktlotsen ausgebildet und mit dem Verfahren der Mediation vertraut gemacht.[138]

Voraussetzung für das erfolgreiche Umsetzen der Schulmediation in die Praxis ist, dass an der Schule weitere Möglichkeiten der Gewaltprävention und -intervention vorhanden sind und die Mediation mit anderen Modellen wie der *Trainingsraum-Methode* oder dem konfrontativen *Sozialkompetenz-Training* verknüpft wird. In Konferenzen sollte wiederholt an die Streitschlichtung erinnert werden, damit diese auch in Anspruch genommen wird. Neben den Schülern muss auch ausgewähltes pädagogisches Personal an der Schule zum Mediator ausgebildet werden. Darüber hinaus ist es wichtig, dass allen Schülern Kompetenzen im Umgang mit Konflikten vermittelt werden und zudem die Einbindung von Schulsozialarbeitern erfolgt, da diese vielfältige Unterstützungsangebote anbieten können. Außerdem muss das Mediationsverfahren von Zeit zu Zeit reflektiert werden, weil Änderungen im Prozess oder Ablauf sehr gewinnbringend sein können. Zuletzt sollten ausgebildete Mediatoren im Alltag entlastet werden, z.B. durch Stundenreduzierung bei den Lehrkräften, Freistellungen von Schülern oder Nutzung eines separaten Mediationsraums.[139]

Die Mediation ist damit ein geeignetes Verfahren, um Konflikte, die durch Mobbing im Internet verursacht werden, zu lösen. Neben den normalen Streitschlichtern oder Konfliktlotsen können auch Schüler ausgebildet werden, die sich im Besonderen mit Konflikten in der digitalen Welt beschäftigen und eine dafür entsprechende Schulung rund um das Thema Cybermobbing erhalten. Damit wird eine Verbindung zwischen der digitalen und der realen Welt hergestellt – den Schülern wird bewusst, dass ihr Handeln im Internet Konsequenzen in ihrem schulischen und persönlichen Alltag mit sich bringt und, dass das Internet kein rechtsfreier Raum

---

138 Vgl. Büchner, Roland; Cornel, Heinz; Fischer, Stefan (2018): Gewaltprävention und soziale Kompetenzen in der Schule. Stuttgart, S. 106.

139 Vgl., ebd., S. 108-109.

ist. Zugleich erweitert die Ausbildung zum Mediator die sozialen Kompetenzen der Schüler.

Aber nicht nur die starke Einbindung der Schüler, sondern auch der bewusst herbeigeführte, reale Kontakt zwischen Täter und Opfer ist notwendig, denn viele Cybertäter sind sich nicht im Klaren, welche Folgen ihr Handeln haben kann, weil sie das Opfer im Internet nicht sehen können. Gleichzeitig werden auch die Bedingungen und Erwartungen des Täters gehört, an denen man erkennen kann, worin die Ursache für sein Verhalten liegt.

Der Mediator selbst ist nicht Teil des Konflikts und kann eine objektive Haltung wahren. Seine ehrliche und aufrichtige Meinung kann den Beteiligten helfen, eine andere Sicht auf die Geschehnisse zu bekommen und so eine Reflexion ihres Verhaltens ermöglichen.

Nicht außer Acht zu lassen ist zudem, dass beim Mediationsverfahren die Bereitschaft sowohl vom Täter als auch vom Opfer vorausgesetzt wird. Falls sich während des Verfahrens herausstellt, dass die Beteiligten keine Bereitschaft zur Konfliktlösung signalisieren, sollte gerade dann auf weitere Modelle der Gewaltintervention, wie in Kapitel 3.1 von Schubarth benannt, zurückgegriffen werden.

Neben fehlender Bereitschaft des Opfers, sich an eine fremde Person zu wenden, kann auch Schamgefühl ein Hinderungsgrund sein. Das Veröffentlichen oder Weiterleiten anzüglicher Fotos oder Videos verletzt die Privatsphäre in höchstem Maß. In diesem Fall kann es dem Betroffenen schwerfallen, sich jemandem zu öffnen, den sie nicht kennen.

Cybermobbing findet im Gruppengeschehen statt und betrifft häufig mehrere Jugendliche. Das Mediationsverfahren eignet sich für eine Auseinandersetzung zwischen Täter und Opfer, für intensive Gespräche mit den Bystandern jedoch nicht. Hierfür müssten ebenfalls andere Methoden gefunden werden. Da die Bystander mit ihrem Verhalten den Verlauf des Mobbings beeinflussen, wäre eine weiterführende Interventionsmaßnahme erforderlich. Hinzu kommt, dass der hohe Grad an Anonymität die Intervention auf der Schulebene erschwert und andere Maßnahmen, wie bspw. eine Anzeige bei der Polizei, unumgänglich sein können.

Es wird zwar empfohlen, aber es ist nicht eindeutig geregelt, ob es für Mediatoren tatsächlich Stundenermäßigungen gibt. Dies kann auch abhängig davon sein, in welchem Bundesland man tätig ist. Feststeht, dass die Mediation einer qualifizierten Ausbildung bedarf und über den Schulalltag hinaus viel Zeit der Lehrkräfte und Schüler beansprucht.

4.2 Systemische Mobbing-Intervention

Die *Systemische Mobbing-Intervention*, abgekürzt *SMI*, ist nach Grüner und Hilt ein effektives Instrument für den Umgang mit Cybermobbing. Durch das Einbeziehen von sozialem Training ist es nachhaltig wirksam, setzt aber den Auftrag des Opfers und seiner Eltern sowie die Zustimmung und der Klassen- und Schulleitung voraus. Zudem ist die gesamte Klassengemeinschaft involviert.[140]

Im Zentrum der Interventionsmethode steht das schikanierende Verhalten und nicht der Täter selbst als Schuldiger. Eingebettet in das soziale Training lernen die Jugendlichen grundlegende Fähigkeiten und Fertigkeiten im Umgang miteinander: Ehrlichkeit, Zivilcourage, Respekt, Grund- und Menschenrechte, gewaltfreie Reaktionsmöglichkeiten, Kritik an dissozialem Verhalten, prosoziales Verhalten erkennen und Abbau problematischer Verhaltensweisen.[141]

Die *SMI* erfolgt in sieben Schritten. Im ersten Schritt geht es um die Identifizierung des Opfers und die Motivation, an der Interventionsmethode teilzunehmen. Das Einverständnis des Opfers, der Eltern und der Klassenleitung wird eingeholt und die Intervention vorbereitet.[142]

Im zweiten Schritt wird das Gewalthandeln öffentlich gemacht. Den Schülern wird erklärt, dass kein Schuldiger gesucht wird und demzufolge keine Strafmaßnahmen ergriffen werden. Die Klasse wird aufgefordert, ihre Gewalthandlungen direkt zu benennen und aufzuschreiben (z.B. Weiterleiten peinlicher Fotos, verbale Beleidigungen). Die einzelnen Schimpfworte sollen in einer gemeinsam erstellten Liste festgehalten und an einem Flipchart sichtbar gemacht werden. Damit soll den Schülern die Grausamkeit ihres Handelns vor Augen geführt und die intrinsische Motivation geweckt werden, dieses Verhalten zu ändern. Anschließend werden die Beiträge in Zusammenhang mit Menschenrechtsverletzungen gebracht und den Kategorien *physische Gewalt, psychische Gewalt* und *Sachbeschädigung* zugeordnet. Die Klasse wird mit dem Leid des Opfers direkt konfrontiert.[143]

Empathie und Mitgefühl – diese Emotionen werden innerhalb des dritten Schritts behandelt. Die Klassengemeinschaft soll sich in die Opferperspektive hineinversetzen und die Folgen dadurch nachvollziehen. Dies gelingt entweder durch das

---

140 Vgl. Hilt, Franz; Grüner, Thomas; Schmidt, Jürgen et al. (2018): a.a.O., S. 69.
141 Vgl., ebd., S. 70.
142 Vgl., ebd., S. 73-74.
143 Vgl., ebd., S. 72-75.

Äußern von Vermutungen (Was denkt ihr, wie sich X fühlt?) oder durch das Berichten über eigene Erfahrungen (Wer hat bereits eine ähnliche Situation erlebt?). Dabei kann es dazu kommen, dass die Situation von der Klasse verharmlost, verleugnet oder abgelehnt wird oder – im Gegensatz dazu – Mitgefühl und Emotionen geweckt werden.[144]

Im vierten Schritt arbeitet die Klasse an den sogenannten Verhaltensauffälligkeiten des Opfers, die als Ursache des Mobbings bezeichnet werden können. Folgende Kriterien müssen dafür erfüllt sein: sein Verhalten muss einen so wütend machen, dass man sich kaum kontrollieren kann, es muss jeden Tag zum Tragen kommen und es wird von fast allen Mitschülern als belastend empfunden. Die Lehrkraft filtert die Ergebnisse (Persönlichkeitsmerkmale, klinische Störungen, auffällige oder stark irritierende Verhaltensweisen) und versucht, durch Fragetechniken und Aufklärung, Toleranz und Verständnis zu wecken. Rechtfertigungsstrategien der Täter müssen konsequent entkräftet werden.[145]

Weiteres Gewalthandeln seitens der Klasse wird im fünften Schritt tabuisiert, indem Sanktionen und Strafen deutlich gemacht werden. Aufgrund der bestehenden Wiederholungsgefahr und drohenden körperlichen und seelischen Versehrtheit, ist von der Klasse entweder eine Unterlassungsvereinbarung zu unterzeichnen oder eine eigene Unterlassenserklärung anzufertigen. Dafür wird die in Schritt zwei erstellte Liste gesammelter Gewalthandlungen gegen das Opfer verwendet.[146]

Im sechsten Schritt wird dann ein peerbezogenes Helfersystem etabliert, um das Opfer zukünftig zu unterstützen. Es werden in der Klasse sechs Menschenrechtsbeobachter gewählt, deren Aufgabe darin besteht, zukünftige Menschenrechtsverletzungen zu erkennen und die Klassenleitung darüber zu informieren. Mobber können dann durch eine Wiedergutmachung in Form von Tat- und Schadensausgleich ihr Handeln aufarbeiten. Bei Bedarf werden Buddys gewählt, die in bestimmten, heiklen Situationen direkt eingreifen und das Opfer schützen. Dies bedarf aber der Akzeptanz des Opfers.[147]

---

144 Vgl., ebd., S. 76.
145 Vgl., ebd., S. 77-79.
146 Vgl., ebd., S. 79.
147 Vgl., ebd., S. 79-80.

Der letzte Schritt der *SMI* zielt auf Nachhaltigkeit und Nachsorge ab und erstreckt sich über einen Zeitraum von mindestens sechs Monaten. Mithilfe von pädagogischer Begleitung, Kontrolle und Beobachtung soll die Wahrscheinlichkeit von weiteren Angriffen minimiert und gleichzeitig durch Sanktionen und Wiedergutmachungen eine Verhaltensanpassung der Gruppe und des Täters ermöglicht werden.[148]

Ungeeignet ist diese Methode, wenn weder das Opfer noch seine Eltern einen Auftrag erteilen, es psychisch labil ist, starke Schamgefühle bestehen oder die Eskalationsgefahr und Gefährdungssituation so groß ist, dass eine sofortige Reaktion notwendig erscheint.[149]

An der Methode *SMI* ist positiv festzustellen, dass ein starkes Einbeziehen der Klassengemeinschaft erfolgt. Dadurch werden nicht nur die Täter, sondern alle Schüler auf die Problematik aufmerksam gemacht und sind verpflichtet, sich damit aktiv auseinanderzusetzen. Die daraus folgende gegenseitige Beobachtung und Unterstützung der Schüler untereinander entlastet die Lehrkraft und stärkt das Opfer. Es erfährt damit Rückhalt, Beistand und Hilfe. Die von allen unterzeichnete und gemeinsam festgelegte Unterlassensvereinbarung ist ein Vertrag, der Sanktionen bzw. Wiedergutmachungen nach sich zieht und alle zukünftigen Angriffe abwehrt. Sinnvoll ist es, erst nach Unterzeichnung des Klassenvertrages Strafen zu verhängen.

Ein wichtiger Aspekt ist das Fördern von Empathie und Mitgefühl. Da wissenschaftlich belegt ist, dass Täter eine mangelnde Empathiefähigkeit besitzen, setzt diese Interventionsmethode genau dort an.

Nicht zuletzt ist die Nachhaltigkeit durch die Kontaktpflege der Lehrkraft zu den Buddys und Menschenrechtsbeobachtern und das konsequente Durchsetzen der Unterlassensvereinbarung gegeben.

Dennoch bleibt zu konstatieren, dass diese Methode sehr zeitaufwendig ist. Dabei beansprucht nicht allein das Durchführen der Intervention, sondern das Einhalten der Nachhaltigkeit viel Zeit und Kraft. Wenn keine Schulsozialarbeiter an der Schule tätig sind, ist diese zusätzliche Aufgabe für Lehrkräfte kaum zu realisieren. Zudem bedarf es der Zustimmung des Opfers und seiner Eltern, ohne die die *SMI* nicht erfolgen kann. Damit sind die Anwendungsmöglichkeiten der Methode

---

[148] Vgl., ebd., S. 72.
[149] Vgl., ebd., S.69.

eingeschränkt, aber gleichzeitig werden die Interessen des Opfers und der Eltern geschützt. In diesem Fall wären weitere Handlungsalternativen seitens der Klassenleitung oder der Schulleitung notwendig.

Es ist nicht davon auszugehen, dass alle Mobbingtäter in einer Klasse sind. Oftmals kommt es auch zu Angriffen von Schülern anderer Klassen. Damit ist die Methode sehr einseitig, weil es schwierig ist, diese Schüler in die Intervention einzubinden. Die Klassenleitung hat weder die Kontaktmöglichkeiten noch kennt sie die Schüler so gut wie ihre eigenen. Dies sind ungünstige Voraussetzungen für eine erfolgreiche Intervention.

Wesentliches Merkmal des Cybermobbings ist der sehr hohe Anonymitätsgrad der Täter, der bei der Intervention nicht zu unterschätzen ist. Lehrkraft, Buddys und Menschenrechtsbeobachter können ohne Hilfe von außen die Identität des Täters nicht feststellen. Damit ist das Tätigkeitsfeld der Menschenrechtsbeobachter und Buddys im Internet eingeschränkt. Sie können zwar öffentlich sichtbare Beweise mit Screenshots sichern, aber keine Nachrichten einsehen. Es ist auch nicht vorauszusetzen, dass sie auf den Plattformen im Internet vertreten sind, die das Opfer nutzt. Das Opfer ist damit selbst angehalten, sich im Notfall an sie zu wenden.

4.3 Systemische Kurzintervention

Die *Systemische Kurzintervention*, abgekürzt *SKI*, von Grüner und Hilt ist eine abgewandelte Form der *SMI*. Sie eignet sich bei einer hohen Eskalations- und Bedrohungsgefahr und kann ohne Zustimmung des Opfers und dessen Eltern durchgeführt werden, setzt jedoch den Auftrag der Klassen- und Schulleitung voraus. Sie bezieht, wie auch die *SMI*, das gesamte Klassenkollektiv ein und findet anonymisiert statt. Darüber hinaus kann sie nicht nur beim Mobbing im Internet, sondern auch bei anderen krisenhaft verlaufenden Konfliktgeschehnissen eingesetzt werden. Die Ausgangslage ist bei Cybermobbing oder Cybermobbing-Attacken meist unübersichtlich und sehr komplex, sodass sich die Wahl der Methoden *SMI* und *SKI* nach der vorliegenden Problemstellung richten müssen.[150]

Die *SKI* kann in zwei Schulstunden durchgeführt werden und wird dann eingesetzt, wenn eine schnelle Bearbeitung des Konflikts vonnöten ist.[151] „Ihr Hauptanliegen ist die Reaktualisierung des formellen Werte- und Normenrahmens, die schnelle

---

[150] Vgl. ebd., S. 67-69.
[151] Vgl., ebd., S. 82.

Etablierung sozialer Kontrolle und die Etablierung eines peergestützten Helfersystems."[152]

In der Vorbereitung entwirft das Opfer zusammen mit der Lehrkraft drei Fallbeispiele. Die ersten beiden sind in Anlehnung an den Konflikt konstruiert während das dritte den konkreten Konfliktfall auf eine stark verfremdete Art und Weise schildert, sodass kein namentlicher Zusammenhang zum Fall hergestellt werden kann. Es folgt die Zusammenarbeit mit der Klasse. Danach werden die Bedingungen *Ernsthaftigkeit, Respekt, Selbstkontrolle, Keine Namen!* und *Verhalten* an der Tafel festgehalten. Diese Form der Rückmeldung wird die Lehrkraft bei entsprechendem Verhalten wählen.[153]

Im weiteren Verlauf wird das Konfliktgeschehen durch die ersten beiden konstruierten Fallbeispiele benannt. Ziel ist es, Betroffenheit und Mitgefühl zu wecken und einen Perspektivwechsel bei den Schülern zu erzeugen. Mithilfe der Methode *Zirkuläres Fragen* stellt die Lehrkraft Fragen an die Schüler: Welche Folgen hätte das für den Jungen gehabt? Was braucht er? Wie hätte man ihm helfen können? Diese Art des Vorgehens testet das Maß an Ernsthaftigkeit, Empathie und Selbstkontrolle in der Klasse aus.[154]

Daraufhin erfolgt die anonymisierte Schilderung des tatsächlichen Falls, der dritten Geschichte. Wieder leitet die Lehrkraft das Gespräch mit gezielten Fragen an. Wichtig dabei ist, keine versteckten Vorwürfe zu machen oder Ja-Nein-Fragen zu stellen. Tatfolgen werden benannt und Gewalt tabuisiert. Auf dieser Grundlage wird mit der Klasse eine Selbstverpflichtungserklärung formuliert, welche von allen Schülern unterschrieben wird. Sie werden dazu aufgefordert, sich in einer Wahl für die Einhaltung der Vereinbarung zu engagieren und einzusetzen. Zum Schluss müssen die Schüler konkrete Fragen zur Klassensituation und zum Konfliktgeschehen schriftlich und einzeln beantworten. Beispielhaft können die Fragen der Abbildung 2 verwendet werden. Die Ergebnisse der Befragung werden im Anschluss mit der Schulleitung und den Schulsozialarbeitern ausgewertet.[155]

---

[152] Ebd.

[153] Vgl., ebd., S. 82-83.

[154] Vgl., ebd., S. 83-84.

[155] Vgl., ebd., S. 86-87.

Nach der Interventionsmethode werden innerhalb der Nachsorge weitere soziale Maßnahmen geplant: Sozialtraining, erlebnispädagogische Projekte oder Wunsch- und Lob-Brief-Runden sowie die Kontrolle der Selbstverpflichtungsvereinbarung.[156]

***Frage Nr. 1:** Wie stehst du dazu, wenn auf WhatsApp Mitschüler beleidigt werden?*

***Frage Nr. 2:** Wie stehst du dazu, wenn Bilder über WhatsApp gegen den Willen einer Person versendet werden?*

***Frage Nr. 3:** Was ist hier in der Klasse in dieser Art schon mal passiert?*

***Frage Nr. 4:** Hast du Angst davor, dass du einmal auf WhatsApp gedisst wirst?*

***Frage Nr. 5:** Meinst du, die Selbstverpflichtungs- erklärung führt dazu, dass weniger oder vielleicht sogar nichts mehr passiert?*

***Frage Nr. 6:** Wäre es Petzen oder Helfen, wenn die Beobachter der Menschenrechte Alarm schlagen?*

***Frage Nr. 7:** Was hältst du davon, wenn ihr verbindliche Regeln für den Klassen-Chat aufstellt?*

***Frage Nr. 8:** Diese ist die einzige Frage, bei der ihr die Erlaubnis habt, einen Namen zu nennen: Wer bekommt es gerade besonders oft ab/wird oft gedisst?"*

Abb. 2: Fragen zur Klassensituation und zum konkreten Konfliktgeschehen

Im Gegensatz zur *SMI* ermöglicht die *SKI* ein schnelleres Vorgehen, man benötigt keine Einverständniserklärung des Opfers oder dessen Eltern. Wie auch in der anderen Methode, wird das Klassenkollektiv in das Verfahren einbezogen. Darüber hinaus kann man sie auch in anderen Kontexten außerhalb der Cybermobbing-Problematik anwenden, bspw. beim traditionellen Mobbing oder bei starken Konflikten innerhalb einer Klasse. Hervorzuheben ist, dass auch hier die Emotionen der Schüler im Fokus stehen, die durch gezieltes Hinterfragen angeregt werden. Die Auswertung der Klassensituation mithilfe des Fragenkatalogs zeigt die Reflexion

---

[156] Vgl., ebd., S. 87.

der einzelnen Schüler und veranschaulicht, inwiefern der Konflikt durch die *SKI* gelöst werden konnte.

Es ist davon auszugehen, dass diese kurzfristige Intervention von ca. zwei Schulstunden à 45 Minuten keinen dauerhaften und komplexen Konflikt lösen kann. Zudem ist es von der Qualität der Nachbearbeitung durch Lehrkräfte und Schulsozialarbeiter und der Komplexität des Problems abhängig. Gegebenenfalls würde sich dafür eher die Methode der *SMI* eignen.

Das Gelingen der Methode hängt von den im Unterricht gestellten Fragen der Lehrkraft ab. Sie dürfen weder Vorurteile beinhalten noch suggestiv formuliert werden. Das würde den Erfolg wesentlich beeinträchtigen.

4.4 Cyber-Mobbing Erste-Hilfe App

Seit 2018 gibt es die Möglichkeit, sich die App *Cyber-Mobbing Erste-Hilfe App*, entwickelt und programmiert von *Klicksafe-Youth Panels*, kostenfrei herunterzuladen. Die App wurde im Rahmen des internationalen Software-Wettbewerbs *ENABLE Hackathon* im Jahr 2015 als beste Einreichung ausgezeichnet und gewann auch als beste europäische Einreichung den *Kaspersky Lab Preis*.[157] Sie wird sowohl für Android-Geräte als auch für Apple-Nutzer angeboten und ist für Kinder ab dem vierten Lebensjahr zu empfehlen. Die App ist in mehreren Sprachen verfügbar (Deutsch, Englisch, Französisch, Litauisch, Luxemburgisch, Slowenisch) und so aufgebaut, dass in Form von kurzen Videoclips die Guides Tom und Emilia konkrete Verhaltenstipps mit Cybermobbing geben. In den Videos *Bleib ruhig, Du bist nicht alleine, Dokumentiere die Angriffe, Blockieren, Melden, Löschen, Verteidige dich* und *Du bist in Ordnung* (siehe Abbildung 3) sprechen die Guides dem Anwender Mut zu, steigern sein Selbstwertgefühl durch Komplimente und nennen konkrete Ansprechpartner für Notfälle. Sie verweisen auf die Sicherung von Beweismitteln und zeigen, wie man auf Social-Media-Plattformen Kontakte blockieren, löschen oder melden kann.[158]

---

[157] Vgl. O.V. (2015): EU-Initiative Klicksafe bringt neue App auf den Markt. Erste-Hilfe App bei Cybermobbing. (https://www.klicksafe.de/presse/2015/erste-hilfe-app-bei-cyber-mobbing/) – letzter Zugriff am 04.03.2020 um 11:41 Uhr

[158] Vgl. Klicksafe (2018): Cyber-Mobbing Erste-Hilfe App für das Betriebssystem iOs. Tipps von Tom – letzter Zugriff erfolgte am 04.03.2020 um 11:48 Uhr.

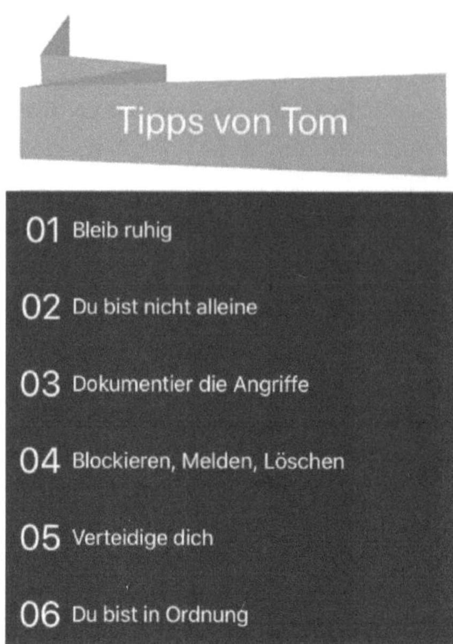

Abb. 3: Verhaltenstipps von Tom

Im Fokus stehen darüber hinaus die gesetzlich normierten Straftatbestände §185 StGB (Beleidigung), §186 StGB (Üble Nachrede), §187 StGB (Verleumdung), §201 StGB (Verletzung der Vertraulichkeit des Wortes), §201a StGB (Verletzung des höchstpersönlichen Lebensraumes durch Bildaufnahmen), §238 StGB (Nachstellung), §240 StGB (Nötigung), §241 StGB (Bedrohung) und §22 KunstUrhG (Recht am eigenen Bild), die altersgerecht und leicht nachvollziehbar erklärt werden.[159]

Wenn nötig, kann der Anwender über zwei Links professionelle und persönliche Beratungen von der Onlineberatungsstelle *JUUUPORT* oder der Telefonnummer *NummergegenKummer* (116111) in Anspruch nehmen.[160]

Von den bereits angeführten Interventionsmaßnahmen für Kinder und Jugendliche ist die *Cyber-Mobbing Erste-Hilfe App* die einzige, die sich ausschließlich der Cybermobbing-Problematik widmet und ohne Hilfe Dritter angewendet werden kann. Somit kann der Nutzer der App anonym bleiben. Gleichzeitig werden aber auch andere mögliche Ansprechpartner wie Lehrkräfte oder Eltern benannt und

---

[159] Vgl., ebd.

[160] Vgl., ebd.

Handhabungen im Umgang mit Cybermobbing formuliert. Dadurch, dass die Informationen in der App sehr kurz und leicht verständlich aufbereitet sind, ist der Zugriff durch Jugendliche in der Sekundarstufe I möglich.

Als positiv hervorzuheben ist, dass der Aufbau der einzelnen Videoclips von Tom und Emilia so gestaltet ist, dass durch den direkten Blickkontakt eine reale Kommunikationssituation nachgeahmt wird. Emilia verabschiedet sich von dem Anwender mit ermutigenden Worten: „Und zuletzt, das muss ich dir wirklich sagen, auch wenn wir uns nicht wirklich kennen: Du bist toll so wie du bist. Vergiss das nicht. Und niemand hat das Recht dich zu beleidigen."

Die App ist für die weitere Arbeit eine gute Grundlage. Es fehlt jedoch an wichtigen Informationen: Wie definiert sich Cybermobbing? Welche Formen gibt es? Welche Folgen kann Cybermobbing haben?

Die Polizei mit ihren spezifischen Mitteln und Möglichkeiten ist bei der Bekämpfung von Cybermobbing eine der wichtigsten Instanzen. Deshalb ist der fehlende aber so wichtige Bezug zur Polizei in der App zu kritisieren. So könnten zum Beispiel vollzogene Strafmaßnahmen als auch in der Vergangenheit gelöste Fälle integriert werden.

5 Fazit

Cybermobbing ist unsichtbar[161] - mit diesem Spot konfrontiert das öffentlich-rechtliche Fernsehen gegenwärtig seine Zuschauer und ist damit Hinweis und Warnung zugleich. In Bezug auf ein aktuelles Problem gibt er ihm die Bedeutung, die ihm zukommt: Das Unsichtbare des Cybermobbings muss sichtbar gemacht werden! Denn die Unsichtbarkeit ist das gefährlichste Merkmal dieses Phänomens. Die vorliegende Arbeit nimmt genau darauf Bezug.

Ziel der Arbeit ist es, anhand von wissenschaftlicher Literatur den aktuellen Forschungsstand zum Cybermobbing darzulegen und die darin enthaltenen Vorschläge über Möglichkeiten und Maßnahmen der Präventions- und Interventionsarbeit in Form von Programmen und Methoden für die Sekundarstufe I zu analysieren und zu bewerten. Um Schüler im Umgang mit digitalen Medien zu unterstützen und für Cybermobbing zu sensibilisieren, gibt es zahlreiche wissenschaftliche Untersuchungen, in denen Ursachen benannt, Präventions- und Interventionsmaßnahmen entwickelt sowie Strategien zur Bewältigung dieses Problems erstellt worden sind.

Da Cybermobbing alle Schulformen und Jahrgangsstufen, insbesondere die höheren, betrifft, ist eine zielgerichtete Auseinandersetzung mit Präventions- und Interventionsmethoden und -programmen für die Arbeit in der Sekundarstufe I erforderlich. Konsequentes Handeln auf der Basis eines vertrauensvollen und verständnisvollen Schulklimas ermöglicht es, Formen physischer und psychischer Gewalt zu verhindern oder zumindest zu reduzieren. Auf der Grundlage erarbeiteter Programme und Methoden wird den Schulen ermöglicht aktiv einzugreifen. Deshalb liegt der Schwerpunkt der vorliegenden Arbeit auf den Einflussmöglichkeiten und Maßnahmen der Schulen. Zusammenfassend wird in der Literatur Folgendes konstatiert:

---

[161] Vgl. Bundesministerium für Familie, Senioren, Frauen und Jugend (2020): TV-Spot „Cybermobbing ist unsichtbar". (https://www.bmfsfj.de/bmfsfj/mediathek/tv-spot--cybermobbing-ist-unsichtbar-/147800) – letzter Zugriff am 07.04.2020 um 08:34 Uhr

- Traditionelles Mobbing und Cybermobbing sind eng miteinander verknüpft.

- Fortbildungen für Lehrkräfte, Schülerveranstaltungen und -projekte, Gewaltpräventionsprogramme, Elternarbeit, Regelkataloge, Anti-Mobbing-Vereinbarungen und nicht zuletzt auch Unterrichtseinheiten tragen zur Aufklärung bei.

- Der Austausch zwischen Eltern und Lehrkräften ist durch regelmäßige Elternabende und Informationsveranstaltungen zu gewährleisten. Bei Bedarf ist das individuelle Gespräche mit den Erziehungsberechtigten zu suchen.

- Unerlässlich für das Reduzieren bzw. Verhindern von Cybermobbing ist das Schulen von Medienkompetenzen durch die Lehrkräfte, wie im Rahmenlehrplan für Berlin und Brandenburg berücksichtigt. Jedes Fach kann dazu beitragen, Schüler im Umgang mit digitalen Medien zu sensibilisieren.

- Aufgabe der Schulleitung ist es, das Personal auf diesem Fachgebiet fortlaufend weiterzubilden.

- Über das Erlangen von Medienkompetenzen hinaus ist es die vorrangigste Aufgabe, bei den Schülern das Gefühl für Empathie und Mitempfinden zu stärken, sie mithilfe spezieller, zielgerichteter Aufgaben, die realitätsnahe Fallbeispiele beinhalten, zu Perspektivübernahme und respektvollem Umgang miteinander zu befähigen.

- Für diese notwendige Sensibilisierung ist es wichtig, dass die Schüler über Definition, Formen, Rollenverteilung, Auswirkungen auf das Opfer sowie strafrechtliche Folgen für Täter informiert sind und Handlungskompetenzen erwerben.

- Bystander haben eine wichtige Funktion, weil sie durch ihr direktes Eingreifen deeskalierend wirken können.

Die für diese Arbeit ausgewählten Präventionsprogramme können zu einer Reduzierung von Cybermobbing in der Sekundarstufe I beitragen. Jedoch ist zu betonen, dass der Polizei eine besonders wichtige Aufgabe zukommt. Nicht nur die vom Polizeipräsidium erarbeiteten und herausgegebenen Informationsmaterialien zur Kriminalprävention gehören dazu, sondern auch das Organisieren und Durchführen von Veranstaltungen sowie aktives Auftreten der Polizeibeamten. Damit ist die Polizei ein wichtiger Ansprechpartner und Berater für die Schulen. In konkreten Fällen, wenn zum Beispiel anonyme Täter weder von der Schule noch von den Lehrern oder Schülern identifiziert werden können, ergibt sich, nach Einschätzung der jeweiligen Situation, die Notwendigkeit, die Polizei hinzuzuziehen. Zusätzlich wird den Schülern dadurch bewusst gemacht, dass das Internet kein rechtsfreier Raum ist und ihr Handeln strafrechtliche Konsequenzen nach sich zieht.

Das Handbuch *Was tun bei (Cyber)Mobbing?* ist für Jugendliche konzipiert, die Aufgaben sind dementsprechend anspruchsvoll. Deshalb kann es, wie auch das Unterrichtsmanual *Medienhelden*, in den Klassen sieben bis zehn eingesetzt werden. Die Teilnahme an der *Themenbezogenen Informationsveranstaltung (TIV)* und das Anwenden des Trainings- und Präventionssprogramms *Surf-fair* ist dagegen bereits ab der fünften Klasse – und somit auch in der Grundschule – möglich.

Das *Medienhelden-Curriculum* des Unterrichtsmanuals *Medienhelden*, das Programm *Surf-fair* und auch das Handbuch *Was tun bei (Cyber)Mobbing?* sind für einen langfristigen Einsatz geeignet. Letzteres kann im Gegensatz zu den anderen Präventionsprogrammen kostenfrei im Internet heruntergeladen werden und ist damit besonders für Lehramtsstudenten und Referendare verwendbar. Für eine kurzzeitige Beschäftigung mit dem Thema kann der *Medienhelden-Projekttag* angesetzt werden, der jedoch keine vergleichbaren positiven Ergebnisse vorweist. Als Ergänzung zu diesen Konzepten ist die Teilnahme an der *TIV* zu empfehlen. Sie bedarf allerdings einer Vor- und Nachbereitung durch die Lehrkraft. Auch einzelne Bestandteile von *Surf-fair* können nach Belieben hinzugefügt werden.

Medienhelden ist das einzige von den hier vorgestellten Unterrichtsmanualen, das nach der Evaluation aktualisiert wurde. Die festgestellten positiven Effekte sind: Steigerung des Selbstwertgefühls, Reduzierung von traditionellem Mobbing und Cybermobbing-Attacken sowie eine Zunahme von Empathie unter den Schülern. Damit ist eine Integration dieses Programms im schulinternen Curriculum einer Schule empfehlenswert. Kritisch anzumerken ist, dass es an weiteren, umfangreicheren empirischen Forschungen zu bereits evaluierten Programmen und bisher nicht berücksichtigten Präventionsprogrammen fehlt. Dazu gehört das Erforschen der Wirksamkeit und Nachhaltigkeit der Konzepte *Surf-fair* und *Was tun bei (Cyber)Mobbing?* als auch die *TIV* der Berliner Polizei sowie die notwendige Überarbeitung und Verbesserung jedes einzelnen Programms. Wichtige Bestandteile und Aspekte der einzelnen Präventionsprogramme sind in der Tabelle 1 *Bestandteile der Präventionsprogramme im Vergleich* (siehe Anhang) systematisch aufgelistet.

Durch spezifische Interventionsmaßnahmen kann die Schule das Vorgehen nach einem Cybermobbing-Vorfall bewusst steuern. Unter Berücksichtigung darauf, dass sich diese deutlich voneinander unterscheiden, sind von der Schule Vor- und Nachteile bei ihrer Anwendung sorgfältig abzuwägen.

Mediation, *SMI* als auch *SKI* sind Verfahren, die jegliche Konflikte, aber auch Probleme mit Cybermobbing, lösen können. Damit sind sie praxistauglich, flexibel und ressourcenschonend. Zu beachten ist jedoch, dass die Interventionen nicht in jedem Fall zur Klärung und Schlichtung bei Cybermobbing geeignet sind. *SMI* kann ausschließlich mit Zustimmung des Opfers und seiner Eltern durchgeführt werden, dagegen ist *SKI* bei akuter Gefahr des Opfers mit Zustimmung des Schulleiters sofort umzusetzen. Wie bereits erläutert, findet Cybermobbing in einem Gruppengeschehen statt. *SMI* und *SKI* beziehen das gesamte Klassenkollektiv ein und arbeiten dadurch besonders effektiv. Bei der Mediation hingegen besteht ein direkter Kontakt zwischen Täter und Opfer, sie ist auf eine Vermittlung ausgelegt. Das bedeutet, dass Bereitschaft und Entgegenkommen zur Lösung des Konflikts von beiden Seiten Voraussetzung ist. Bystander und Klassenkollektiv werden nicht hinzugezogen.

Die *Cyber-Mobbing Erste-Hilfe App* ist hier die einzige Interventionsmethode, die sich ausschließlich auf Cybermobbing bezieht und besonders bei großem Schamgefühl des Opfers eine erste Anlaufstelle sein kann, um Hilfe zu gewährleisten. Es wäre ratsam, auf die App in der schuleigenen Website zu verweisen und in Verbindung mit den Präventionsprogrammen einzusetzen, weil sie sich mit nützlichen Tipps, Handlungsempfehlungen sowie Informationen über Straftaten direkt an das anonyme Opfer wendet, aber den Täter ausschließt. In den anderen Verfahren ist die Anonymität nicht gegeben.

Das Gelingen der vorgestellten Interventionsmethoden ist abhängig von der Qualifikation der durchführenden Lehrkraft, also ihren Kenntnissen und Fähigkeiten im Umgang mit Konflikten. Diese sind bei der *SMI*, *SKI* als auch bei der *Mediation* dringend erforderlich und nur in speziellen, nicht kostenfreien Aus- und Fortbildungen zu erwerben. In der Tabelle 2 *Merkmale der Interventionsmethoden im Vergleich* (siehe Anhang) sind die soeben benannten Eigenschaften vergleichend aufgeführt.

Diese Arbeit soll ein wichtiger Beitrag zur Verwendbarkeit von Präventions- und Interventionsprogrammen bei Cybermobbing auf schulischer Ebene, mit besonderem Schwerpunkt auf die Sekundarstufe I, sein. Hervorzuheben ist, dass durch den aufgenommenen, persönlichen Kontakt Zugriff auf polizeiinternes Präventionsmaterial der Berliner Polizei ermöglicht wurde und dieses daher bewusst integriert und bewertet werden konnte. Damit sind Zusammenhänge zur schulischen

Präventionsarbeit hergestellt, die in bisherigen Untersuchungen weder erfasst noch wahrgenommen wurden.

Aus der Beschäftigung mit der Arbeit sind viele weitere Erkenntnisse abzuleiten:

Die sich immer weiterentwickelnde Digitalisierung als globales Kommunikationsmittel birgt nicht nur Chancen und Hilfestellungen, sie ermöglicht auch Missbrauch, zu dem in erster Linie Cybermobbing gehört. Die fachübergreifende Medienerziehung und -bildung ist dabei ein wichtiger Ansatz, denn die Sorglosigkeit und mangelnde Kenntnis bis Unkenntnis des digitalen Umgangs ist weit verbreitet. Je mehr digitales Lernen in den Vordergrund rückt, umso mehr sollte auf der Schulebene zur Eindämmung der Risiken getan werden. Dazu gehört die notwendige Zusammenarbeit zwischen Schule und Erziehungsberechtigten. Oftmals im Umgang mit digitalen Medien überfordert, überlassen die Eltern aus Unwissenheit ihre Benutzung den Kindern. Häufig liegt es aber auch am Desinteresse oder am fehlenden Vertrauen im Umgang miteinander. Hier muss die Schule mit Hilfsmaßnahmen wie Elternabenden, Informationsblättern oder direkter Intervention eingreifen. Dabei ist zu bedenken, dass derzeit ein großer Fachkräftemangel in Deutschland besteht. Es fehlt nicht nur an dafür ausgebildeten Lehrkräften, sondern auch an Schulpsychologen, Schulhelfern und Sozialarbeitern. Ein Großteil der Arbeit fällt damit auf die Lehrer zurück. Fraglich ist, wie viele die entsprechenden Qualifikationen besitzen und ob es in diesem beträchtlichen Umfang den Aufgaben einer Lehrkraft heutzutage entspricht. Die Realisierbarkeit einzelner vorgestellter Methoden und Programme ist in ihren großen zeitlichen Umfängen kaum zu leisten. Eine digitale Welt, die sich mit Rasanz entwickelt, erfordert eine andauernde, umfangreiche Auseinandersetzung, die die Lehrkräfte erheblich überfordern kann. Deshalb wäre es zu empfehlen, Veranstaltungen wie die der Polizeidirektion 6 in Berlin-Lichtenberg als ergänzende und unterstützende Maßnahme bezirksweit, vielleicht sogar verbindlich für Schulen einzuführen.

Weiterhin wäre zu untersuchen, wie die Problematik Cybermobbing in die Studienordnungen der Universitäten zu integrieren ist oder inwiefern sie bereits integriert wurde, damit Lehramtsstudenten entsprechend vorbereitet werden können und somit Kompetenzen für ihre zukünftige Arbeit erwerben.

Es ist zu schlussfolgern, dass Cybermobbing zukünftig immer mehr in den Fokus geraten wird, denn diese Art von Mobbing ist wie ein Virus, unsichtbar. Durch seine Anonymität, schnelle Verbreitung und ungeheure Reichweite kann es Physis und Psyche von Kindern und Jugendlichen nachhaltig schädigen. Deshalb hat die

Erhaltung ihrer Gesundheit oberste Priorität. Wenn die Autoren davon ausgehen, dass schon in der Grundschule Cybermobbing festzustellen ist, dann ist das ein Warnsignal, die Ursachen zu erforschen, um konkrete Programme auch hierfür erstellen und publizieren zu können. Ursachenanalyse war zwar nicht das Thema dieser Arbeit, aber viele Ursachen von Cybermobbing lassen sich als Rückschluss den Programmen entnehmen: Sorglosigkeit, Leichtgläubigkeit, Unerfahrenheit, mangelndes Selbstbewusstsein bei Täter oder Opfer, im Gegensatz dazu übersteigertes Selbstwertgefühl und Empathielosigkeit. Man kann davon ausgehen, dass auch soziale Ungleichheit und unterschiedliche Bildungschancen eine nicht unbedeutende Rolle spielen. Gerade deshalb liegt es an den Schulen selbst, den gemeinsamen solidarischen Umgang durch sportliche Aktivitäten (Sportfeste, Arbeitsgemeinschaften, Wettkämpfe), künstlerische Betätigungen (Theaterspiel, Schulchor, Schulhof- und Klassenzimmergestaltung) aber auch durch interaktives, außerschulisches Miteinander von Schulpersonal, Eltern und Schülern (Arbeitseinsätze, Klassenfahrten) zu fördern und zu stärken.

Trotz eines Milliardeneinsatzes in der Bildungspolitik gibt es laut Statistik erschreckende Zahlen hinsichtlich Cybermobbing, die zeigen, dass die Problematik in ihrer Dimension weithin unterschätzt wird. Deshalb sind Appelle wie der eingangs erwähnte Spot so wichtig. *Schau hin* ist die Aufforderung an alle, denn die Notwendigkeit der Einführung weiterer Methoden, Maßnahmen und Programme zur Verhinderung ist evident und sollte individuell je nach Gegebenheiten der Städte und Bundesländer (geografisch, wirtschaftlich, Bevölkerungsdichte, Generationenverteilung usw.) erarbeitet und eingesetzt werden. Ein grundsätzlich einheitliches Vorgehen muss jedoch von politischen Vorgaben ausgehen. Die Politik ist gefragt, gesetzliche Grundlagen, die auf eine langfristige Wirkung ausgerichtet sind, gegen Missbrauch digitaler Medien zu schaffen. Aktuell reagiert die Bundesregierung auf dieses Problem mit einem Entwurf zur Gesetzesänderung des Netzwerkdurchsetzungsgesetzes, den sie am 01.04.2020 beschlossen hat. Die Rechte der Nutzer sozialer Netzwerke sollen zukünftig gestärkt und geschützt werden. Bundesjustizministerin Christine Lambrecht erklärt hierzu:

> „Wer im Netz bedroht oder beleidigt wird, muss die Möglichkeit haben, dies dem sozialen Netzwerk einfach und unkompliziert anzuzeigen. Darüber hinaus vereinfachen wir die Durchsetzung von Auskunftsansprüchen: Wer sich vor Gericht gegen Bedrohungen oder Beleidigungen zur Wehr setzen will, soll die hierfür erforderlichen Daten deutlich leichter herausverlangen können als bisher.“[162]

Cybermobbing ist unsichtbar – es sichtbar und damit auf die negativen Folgen aufmerksam zu machen, notwendig. Besonders die heranwachsende Generation muss vor diesen gesellschaftsgefährdenden und rechtswidrigen Handlungen in den digitalen Medien durch gesetzliche Grundlagen geschützt werden. Zugleich ist dieser Schutz jedoch auch die gemeinsame Aufgabe einer aufgeklärten, humanistischen und demokratischen Gesellschaft.

---

[162] Lambrecht, Christine (2020): Erklärung zur Weiterentwicklung des Netzwerkdurchsetzungsgesetzes. (https://www.bmjv.de/SharedDocs/Artikel/DE/2020/040120_NetzDG.html) – letzter Zugriff am 07.04.2020 um 09:19 Uhr

Anhang

Präventionspro-gramme	Bestandteile							
	Defini-tion	For-men	Rollever-teilung	Auswirkungen auf das Opfer	Strafrecht-liche Fol-gen	Entwicklung von Empa-thie	Handlungs-möglichkeiten	Einbezug der Eltern
Medienhelden – Curri-culum	✓	✓	✓	✓	✓	✓	✓	✓
Medienhelden Projekt-tag	✓	✓	✓	✓	✗	✓	✓	✗
Themenbezogene In-formationsveranstal-tung	✓	(✓)	✓	✓	✓	✓	✓	(✓)
Surf-fair	✓	(✓)	✓	✓	✗	✓	✓	✗
Was tun bei (Cy-ber)Mobbing?	(✓)	✓	✓	✓	✓	✓	✓	✗

Anmerkungen: ✓ = wird im Programm berücksichtigt, (✓) = in Ansätzen, ✗ = nicht vorhanden

Tabelle 1: Bestandteile der Präventionsprogramme im Vergleich

Interventions-me-thoden	Merkmale								
	ausschließlich für Cybermob-bing geeignet	Zustimmung durch			Einbeziehen der		Qualifikation der Lehrkraft erforderlich	zeitlicher Aufwand	
		Opfer	Eltern	Schulleitung	Täter	Bystander		klein	groß
Mediation	✗	✓	✗	✗	✓	✗	✓	✗	✓
Systemische Mob-bing-Intervention	✗	✓	✓	✓	(✓)	(✓)	✓	✗	✓
Systemische Kurzin-tervention	✗	✗	✗	✓	(✓)	(✓)	✓	✓	✗
Cyber-Mobbing Erste-Hilfe App	✓	✓	✗	✗	✗	✗	✗	✓	✗

Tabelle 2: Merkmale der Interventionsmethoden im Vergleich

Anmerkungen: ✓ = ja, (✓) = teilweise, ✗ = nein

Abbildungsverzeichnis

Tabellenverzeichnis

Literaturverzeichnis

Arentewicz, Gerd; Fleissner, Alfred; Struck, Dieter (2009): Mobbing. Psychoterror am Arbeitsplatz, in der Schule und im Internet – Tipps und Hilfsangebote. Hamburg.

Brägger, Gerold; Posse, Norbert (2007): Gutes Schulklima – eine Kultur der Anerkennung und Kooperation. (https://www.iqesonline.net/File/3-4_Gutes_Schulklima_Eine_Kultur_der_Anerkennung_und_Kooperation. pdf) – letzter Zugriff am 02.03.2020 um 09:38 Uhr

Bundesministerium für Familie, Senioren, Frauen und Jugend (2018): Was ist Cybermobbing? (https://www.bmfsfj.de/bmfsfj/themen/kinder-und- jugend/medienkompetenz/was-ist-cybermobbing-/86484) – letzter Zugriff am 12.03.2020 um 12:16 Uhr

Bundesministerium für Familie, Senioren, Frauen und Jugend (2020): TV-Spot „Cybermobbing ist unsichtbar". (https://www.bmfsfj.de/bmfsfj/mediathek/ tv-spot--cybermobbing-ist-unsichtbar-/147800) – letzter Zugriff am 07.04.2020 um 08:34 Uhr

Büchner, Roland; Cornel, Heinz; Fischer, Stefan (2018): Gewaltprävention und soziale Kompetenzen in der Schule. Stuttgart.

Bündnis gegen Cybermobbing e.V. (2017): Cyberlife II. Spannungsfeld zwischen Faszination und Gefahr. Cybermobbing bei Schülerinnen und Schülern. Zweite empirische Bestandsaufnahme bei Eltern, Lehrkräften und Schüler/innen in Deutschland, S. 82. (https://www.buendnis-gegen- cyber-mobbing.de/fileadmin/pdf/studien/2016_05_02_Cybermobbing_

2017End.pdf) – letzter Zugriff am 10.04.2020 um 14:13 Uhr

Dambach, Karl (2011): Wenn Schüler im Internet mobben. Präventions- und Interventionsstrategien gegen Cyber-Bullying. München.

Der Polizeipräsident von Berlin (2020): Cybermobbing. Gefahren im Umgang mit digitalen Medien. (https://www.berlin.de/polizei/aufgaben/praevention/ cybercrime/artikel.854782.php) – letzter Zugriff am 02.03.2020 um 09:15 Uhr

Der Polizeipräsident von Berlin (Hrsg.) (2019): Rechtliche Aspekte im Themenfeld Cybermobbing. Handlungsleitfaden zur Themenbezogenen Informations- Veranstaltung (TIV Cybermobbing). Berlin.

Deutscher Bundestag (2016): Kurzinformation zum Straftatbestand Cybermobbing. (https://www.bundestag.de/re-source/blob/483622/32b7fb4bb887873dabcb b2b085be08dc/WD-7-154-16-pdf-data.pdf) - letzter Zugriff am 25.02.2020 um 10:33 Uhr

Deutscher Bundestag (2018): Mobbing an Schulen. (https://www.bundestag.de /re-source/blob/592494/4ee825520cb3b29d7a6c0b6555f01657/WD-9-056- 18-pdf-data.pdf) – letzter Zugriff am 16.02.2020 um 09:54 Uhr

Feierabend, Sabine; Plankenhorn, Theresa; Rathgeb, Thomas (2017): JIM 2017. Jugend, Information, (Multi-) Media. Basisstudie zum Medienumgang 12- bis 19-Jähriger in Deutschland. Herausgegeben vom Medienpädagogischen Forschungsverbund Südwest (mpfs). Stuttgart.

Hallo – Vorschau für das Schuljahr 2019/2020. (https://www.sparkassen-schulservice.de/grundschule/Hallo/Bilder_Hallo/Hallo-Themenvorschau_2019-2020_final.pdf) – letzter Zugriff am 26.03.2020 um 15:17 Uhr

Hilt, Franz; Grüner, Thomas; Schmidt, Jürgen et al. (2018): Was tun bei (Cyber)Mobbing? Systemische Intervention und Prävention in der Schule. Herausgegeben von Klicksafe. Ludwigshafen.

Jannan, Mustafa (2015): Das Anti-Mobbing-Buch. Gewalt an der Schule – vorbeugen, erkennen, handeln. Weinheim und Basel.

Katzer, Catarina (2014): Cybermobbing – Wenn das Internet zur W@ffe wird. Berlin/Heidelberg.

Kindler, Wolfgang (2009): Schnelles Eingreifen bei Mobbing. Strategien für die Praxis. Mülheim an der Ruhr.

Klicksafe (2018): Cyber-Mobbing Erste-Hilfe App für das Betriebssystem iOs. Tipps von Tom – letzter Zugriff am 04.03.2020 um 11:48 Uhr.

Kunz, Katrin (2012): Mobbing im Internet. Der angekündigte Tod der Amanda Todd.(https://www.sueddeutsche.de/digital/mobbing-im-internet-der-angekuendigte-tod-der-amanda-todd-1.1502486) – letzter Zugriff am 28.02.2020 um 13:57 Uhr

Marées, Nandoli (2009): Der Bullying- und Viktimisierungsfragebogen. Konstruktion und Analyse von Instrumenten zur Erfassung von Bullying im Vor- und Grundschulalter. (https://d-nb.info/993711227/34) – letzter Zugriff am 12.03.2020 um 11:47 Uhr

Lambrecht, Christine (2020): Erklärung zur Weiterentwicklung des Netzwerkdurchsetzungsgesetzes. (https://www.bmjv.de/SharedDocs/ Artikel/DE/2020/040120_NetzDG.html) – letzter Zugriff am 07.04.2020 um 09:19 Uhr

Loebisch, Stefan (2015): Urteil: Schmerzensgeld bei Cyber-Mobbing unter Schülern. (https://www.loebisch.com/urteil-schmerzensgeld-bei-cyber-mobbing-unter-schuelern-3973/) – letzter Zugriff am 10.04.2020 um 13:37 Uhr

O.V. (2017): 15-Jähriges Mädchen bekommt Haftstrafe wegen Cybermobbing. In: futurezone vom 08.08.2017 (https://www.futurezone.de/digital-life/article 211519015/15-jaehriges-Maedchen-bekommt-Haftstrafe-wegenCybermob bing.html) – letzter Zugriff am 25.02.2020 um 11:52 Uhr

O.V. (2015): EU-Initiative Klicksafe bringt neue App auf den Markt. Erste- Hilfe App bei Cybermobbing. (https://www.klicksafe.de/presse/2015/erste-hilfe-app-bei-cyber-mobbing/) – letzter Zugriff am 04.03.2020 um 11:41 Uhr

Peek, Sven-Olaf (2019): Instagram-Wachstum 2019. Stagnation auf sehr hohem Niveau. (https://www.crowdmedia.de/instagram-wachstum-deutschland- 2019/) – letzter Zugriff am 18.03.2020 um 10:54 Uhr

Peter, Ira-Katharina; Petermann, Franz (2018): Cybermobbing im Kindes- und Jugendalter. In: Klinische Kinderpsychologie. Band 15. Herausgeber der Reihe: Prof. Dr. Franz Petermann. Göttingen.

Petermann, Franz; Koglin, Ute (2013): Aggression und Gewalt von Kindern und Jugendlichen. Hintergründe und Praxis. Berlin/Heidelberg.

Pieschl, Stephanie; Porsch, Torsten (2012): Schluss mit Cybermobbing! Das Trainings- und Präventionsprogramm »Surf-Fair«. Mit Film und Materialien auf DVD. Weinheim und Basel.

Pieschl, Stephanie; Porsch, Torsten (2014): Cybermobbing – mehr als nur „Ärger im Internet". In: Neue Medien und deren Schatten. Mediennutzung, Medienwirkung und Medienkompetenz. Herausgegeben von Stephanie Pieschl und Tosten Porsch. Göttingen.

Politi, Styliani (2020): Was ist Mobbing und wie kann man es erkennen? In: Mobbing an Schulen. Maßnahmen zur Prävention, Intervention und Nachsorge. Herausgegeben von Matthias Böhmer und Georges Steffgen. Wiesbaden.

Programm Polizeiliche Kriminalprävention der Länder und des Bundes (Hrsg.) (2008): Im Netz der neuen Medien. Internet, Handy und Computerspiele – Chancen und Risiken für Kinder und Jugendliche. Stuttgart.

Programm Polizeiliche Kriminalprävention der Länder und des Bundes (Hrsg.) (2012): Surfen. Aber sicher! Wertvolle Tipps im Umgang mit gefährlichen Seiten im Internet. Ein Film mit Rudi Cerne für Eltern. Stuttgart.

Programm Polizeiliche Kriminalprävention der Länder und des Bundes (Hrsg.) (2013): Verklickt! Begleitheft zum Film für Schülerinnen und Schüler ab Jahrgangsstufe 7. In Kooperation mit dem Bundesamt für Sicherheit und Informationstechnik. Stuttgart.

Programm Polizeiliche Kriminalprävention der Länder und des Bundes (Hrsg.) (2014): Chatten & surfen. Aber sicher! Wertvolle Tipps für sicheres Chatten und Surfen! Zwei Filme mit Bastian Schweinsteiger und Rudi Cerne. Stuttgart.

Programm Polizeiliche Kriminalprävention der Länder und des Bundes (Hrsg.) (2014): Klicks-Momente. Sammelmappe mit Faltblättern für Internetnutzer. Stuttgart.

Programm Polizeiliche Kriminalprävention der Länder und des Bundes (Hrsg.) (2014): Verklickt! Film für Schülerinnen und Schüler ab Jahrgangsstufe 7. In Kooperation mit dem Bundesamt für Sicherheit und Informationstechnik und Klicksafe. Stuttgart.

Programm Polizeiliche Kriminalprävention der Länder und des Bundes (Hrsg.) (2015): Hallo-Kids wissen mehr. Online unterwegs. Stuttgart.

Proksch, Stephan (2018): Mediation. Die Kunst der professionellen Konfliktlösung. Wiesbaden.

Rademacher, Helmolt; Altenburg-van Dieken, Marion (Hrsg.) (2011): Konzepte zur Gewaltprävention in Schulen. Prävention und Intervention. Berlin.

Rahmenlehrplan für Berlin und Brandenburg, Teil B: Fachübergreifende Kompetenzentwicklung, S. 13. (https://bildungsserver.berlin- brandenburg.de/fileadmin/bbb/unterricht/rahmenlehrplaene/Rahmenlehrpl anprojekt/amtliche_Fassung/Teil_B_2015_11_10_WEB.pdf) – letzter Zugriff am 02.03.2020 um 14:19 Uhr

Reum, Anika (2014): Cybermobbing. Zur strafrechtlichen Relevanz der Schikane in den neuen Medien. Hamburg.

Sagatz, Kurt (2015): 1000 Euro Schmerzensgeld für das Posten aufreizender Fotos. (https://www.tagesspiegel.de/gesellschaft/medien/sexting-fotos-von-13- jaehriger-1000-euro-schmerzensgeld-fuer-das-posten-von-aufreizenden- fotos/12256870.html) – letzter Zugriff am 10.04.2020 um 13:15 Uhr

Schenk, Laura (2020): Was ist Cybermobbing? In: Mobbing an Schulen. Maßnahmen zur Prävention, Intervention und Nachsorge. Herausgegeben von Matthias Böhmer und Georges Steffgen. Wiesbaden.

Schubarth, Wilfried (2019): Gewalt und Mobbing an Schulen. Möglichkeiten der Prävention und Intervention. Stuttgart.

Schultze-Krumbholz, Anja; Zagorscak, Pavle; Roosen-Runge, Anne et al. (2018): Medienhelden. Unterrichtsmanual zur Förderung von Medienkompetenz und Prävention von Cybermobbing. München.

Senatsverwaltung für Bildung, Jugend und Familie: Berliner Schulen. Gymnasien ab Klasse 5. (https://www.berlin.de/sen/bildung/schule/berliner-schulen /schulverzeichnis/SchulListe.aspx?IDKategorie=45&IDAngebot=3 36&Sort=BSN&TextID=35) – letzter Zugriff am 16.03.2020 um 13:08 Uhr

Spiesberger, Henny Isabella (2018): Was können Schulen gegen Cybermobbing tun? Die Effektivität von Interventions- und Präventionsprogrammen. Norderstedt.

Stellmach, Vivien (2019): Wie viele Facebook-Nutzer gibt es denn nun in Deutschland? (https://www.basicthinking.de/blog/2019/11/27/facebook- nutzer-emarketer-prognose/) – letzter Zugriff am 18.03.2020 um 10:40 Uhr

Stemmer, Mark; Hacker, Stefanie (2009): Förderung bei externalisierenden Problemen. In: Psychologische Förder- und Interventionsprogramme für das Kindes- und Jugendalter. Herausgegeben von Arnold Lohaus und Holger Domsch. Heidelberg, S. 3.

Thömmes, Arthur (2005): Produktive Unterrichtseinstiege. 100 motivierende Methoden für die Sekundarstufe. Mülheim an der Ruhr.

Todd, Amanda (2012): My story. Struggeling, bullying, suicide, self harm. (https://www.youtube.com/watch?v=vOHXGNx-E7E&t=10s&bpctr=1583 926393) – letzter Zugriff am 11.03.2020

Tulodziecki, Gerhard; Herzig, Bardo; Grafe, Silke (2019): Medienbildung in Schule und Unterricht. Grundlagen und Beispiele. Bad Heilbrunn.

Van Bebber, Werner; Haselberger, Stephan (2019): Suizid in Berlin. Was über den Tod des 11-jährigen Mädchens bekannt ist. (https://www.tagesspiegel. de/berlin/suizid-in-berlin-was-ueber-den-tod-des-elfjaehrigen-ma-edchens- bekannt-ist/23943858.html) – letzter Zugriff am 25.02.2020 um 13:13 Uhr

Willard, Nancy (2007): Cyber-safe kids, cyber-savvy teens. Helping young people learn to use the internet savely ans responsibly. San Francisco.